寄宿类学校
物业服务体系

北京兴业源科技服务集团股份有限公司
组织编写

中国建筑工业出版社

图书在版编目（CIP）数据

寄宿类学校物业服务体系 / 北京兴业源科技服务集团股份有限公司组织编写 . —北京：中国建筑工业出版社，2023.12
ISBN 978-7-112-29596-8

Ⅰ.①寄⋯ Ⅱ.①北⋯ Ⅲ.①学校—物业管理—商业服务 Ⅳ.①G474

中国国家版本馆CIP数据核字（2024）第019384号

本书是针对寄宿类学校物业服务体系的全面指南，从实践出发，深入探讨了校园物业服务的多个关键领域，旨在提供一个综合性的框架，以指导和优化校园内的物业服务。本书详细介绍了校园物业服务的基础性工作规范，对校园物业承接查验过程进行了全面解析，确保物业服务的顺利过渡和高效执行。在校园综合设施管理方面，本书提供了详尽的管理方法和维护策略，确保校园设施的最佳运行状态。本书对校园公共秩序的维护、环境管理、公寓管理和食堂安全卫生管理，提供了一系列实用的管理方法，旨在创造一个安全、整洁、和谐的学习和生活环境。在校园教学保障方面，书中强调了物业服务在支持教学活动中的重要角色，同时针对校园安全风险管控提出了一系列有效的策略和措施，以预防和应对各种潜在风险，确保校园的整体安全。本书不仅是物业管理专业人员和校园管理者的宝贵资源，也对教育行政部门和政策制定者开展工作具有参考价值，为提升寄宿类学校的物业服务质量和效率提供了理论支持和实践指导。

责任编辑：毕凤鸣
文字编辑：王艺彬
责任校对：张　颖
校对整理：董　楠

寄宿类学校物业服务体系

北京兴业源科技服务集团股份有限公司　组织编写

*

中国建筑工业出版社出版、发行（北京海淀三里河路9号）
各地新华书店、建筑书店经销
华之逸品书装设计制版
人卫印务（北京）有限公司印刷厂印刷

*

开本：787毫米×1092毫米　1/16　印张：16　字数：303千字
2024年1月第一版　　2024年1月第一次印刷
定价：**70.00**元
ISBN 978-7-112-29596-8
（42207）

版权所有　翻印必究
如有内容及印装质量问题，请联系本社读者服务中心退换
电话：（010）58337283　　QQ：2885381756
（地址：北京海淀三里河路9号中国建筑工业出版社604室　邮政编码：100037）

本书编撰人员

顾　问：程　鹏
主　编：赵亚东
副主编：（以姓氏笔画为序）
　　　　徐　妍　靳康宁

编　委：（以姓氏笔画为序）
　　　　牛山坡　付红娜　任金政　李　丁　张古鹏　陈　凯
　　　　陈太博　庞宏垣　高　峰　崔嘉勇　董　凯　樊红伟

序言

随着社会的发展和进步,物业服务已经成为我们日常生活和工作的重要组成部分。良好的物业服务不仅能够提高生活质量,还能为生活和工作提供必要的保障。在此背景下,物业服务体系应运而生,旨在引导和规范物业服务的发展,提高服务质量,满足客户的需求。

在学校这个特殊的环境中,物业服务扮演着更重要的角色。学校的物业服务不仅需要提供一般物业服务所具备的设施设备管理、安全秩序维护、环境卫生清洁、绿化养护等服务,还需要考虑到学生的学习和成长环境,例如提供合适的休息和活动场所,保障学生的安全等。因此,建立一套科学、合理的学校物业服务体系,对于提高学校物业服务质量,保障广大师生的学习和生活具有十分重要的意义。

鉴于此,北京兴业源科技服务集团股份有限公司构建了规范系统、协调配套、开放兼容的寄宿类学校物业服务体系。体系的核心内容包括服务标准、服务流程、操作方法、安全措施等方面,体系的建立和实施将有助于提高学校业态的物业服务客户满意度、塑造企业形象、提升服务质量、实现可持续发展。

希望通过本书的介绍,能够帮助读者更好地理解学校物业服务规范和服务质量标准等方面的知识和技能,以指导和优化校园内的物业服务。

前言

大多数中小学都属于走读式学校，教学几乎是此类学校的唯一任务，校园物业服务的价值表现不明显。寄宿类学校作为一种特殊的办学方式，学生的学习和生活融为一体，极大拓展了校园物业服务的现有边界和想象空间，学校后勤服务的重要性日益凸显。因此，物业公司如何建立寄宿类学校物业服务体系尤为重要。

已有的校园物业管理的出版物主要分为两类：一类是涵盖了校园物业管理的各项内容的综合物业服务书籍，此类书籍一般以高等院校作为物业服务对象进行描写；一类是对某一项物业服务进行详细分析的专业物业服务书籍，此类书籍针对工程维修、风险管控等具体服务业务进行描写。

北京兴业源科技服务集团股份有限公司（以下简称兴业源服务）基于河南省鲁山县兴源高中多年校园物业服务的经验及体系建设的沉淀，与北京林业大学物业管理课题组专家经过一年的研究与探索，组织编制《寄宿类学校物业服务体系》（以下简称《服务体系》），作为学生学习和生活一体化的校园物业服务指南。服务体系将兴业源服务寄宿类学校有关的认知、理念、规章、标准、规范等进行了系统的整理、摘编与综合集成，并针对新的情况进行了修改完善，形成细致、专业、完备的标准化寄宿类学校物业服务体系。

本书共分为十章。第1章围绕"服务助力学生成长"的理念进行校园物业服务；第2章到第10章按照服务内容和服务场景进行分类，分别针对不同的校园物业管理业务进行分析。第2章到第6章以物业服务的"四保"（保洁、保安、保绿、保修）为分类依据，对校园物业服务基础性工作规范、物业承接查验、综合设施管理、公共秩序维护以及环境管理的有关管理制度和方法进行了总结归纳，并对学校关注的重点内容（如学生人身安全等）进行单独重点分析。第7章和第8章对寄宿类学校的两个重要场景——校园公寓和校园食堂进行分析，涵盖了公寓安全服务、生活服务、食品安全管理以及食品安全事故应急预案等方面的内容。第9章和第10章则是对校园教学保障和校园安全风险管控的分析，指出了学校实验室、图书馆和体育场馆教学保障的具体实践归纳了不同物业服务的风险管控要点。

  本书的读者对象包括政府部门教育行政管理人员、寄宿制学校的学校管理人员、物业管理专业学生，以及服务于寄宿类学校的物业服务从业人员等。

  本书的写作得到了北京林业大学经济管理学院的鼎力支持，在此表示诚挚的谢意！同时感谢中国建筑工业出版社的帮助，使本书得以顺利出版！感谢北京林业大学和中国建筑工业出版社的相关编校人员对本书付出的辛勤工作！

CONTENTS
目 录

序　言
前　言

第1章　建立"服务助力学生成长"的校园物业服务体系 ······ **001**
 1.1　坚守"服务助力学生成长"的物业服务理念 ······ 002
 1.2　增强校园安全事件的风险防范意识 ······ 002
 1.3　提高学生多元需求的综合保障能力 ······ 003

第2章　校园物业服务基础性工作规范 ······ **005**
 2.1　校园物业服务体系建设规范 ······ 006
  2.1.1　内涵及作用 ······ 006
  2.1.2　管理原则 ······ 006
  2.1.3　实施路径 ······ 007
 2.2　校园物业服务目标管理规范 ······ 008
 2.3　学生满意度测评规范 ······ 009
  2.3.1　相关服务人员职责权限 ······ 009
  2.3.2　调查方式 ······ 009
  2.3.3　问卷调查流程 ······ 010
  2.3.4　学生满意度测评 ······ 011
 2.4　物业服务通用行为规范 ······ 011
 2.5　物业服务基本要求 ······ 021
  2.5.1　服务场所 ······ 021
  2.5.2　人员要求 ······ 022

2.5.3 制度 022
2.5.4 档案管理 023
2.5.5 标识 024
2.5.6 管理服务 024
2.5.7 专项服务委托管理 024
2.5.8 保密要求 025

第3章 校园物业承接查验 **027**

3.1 承接查验概述 028
3.1.1 依据和原则 028
3.1.2 范围 028
3.1.3 条件 029
3.1.4 程序 029

3.2 承接查验方案 030
3.2.1 程序 030
3.2.2 内容 031

3.3 校园物业承接查验现场指引 032
3.3.1 职责与权限 032
3.3.2 工作要求与条件 032
3.3.3 承接查验前期准备 035
3.3.4 实施验收 036
3.3.5 安全底线 045
3.3.6 资料的移交验收 047
3.3.7 校园物业设备操作和维护保养资料查验 049

第4章 校园综合设施管理 **053**

4.1 物业公司对寄宿类学校校园综合设施管理的认知 054
4.1.1 管理的特点 054
4.1.2 管理的价值 054
4.1.3 管理的要点 055

4.2 校园综合设施风险控制管理规范 055
4.2.1 危险源辨识 055

4.2.2 风险控制 ································· 056
　　4.2.3 危险源更新 ······························ 057
4.3 校园房屋维修、养护规范 ······················ 057
　　4.3.1 职责与权限 ······························ 057
　　4.3.2 房屋完损等级的评定 ···················· 058
　　4.3.3 房屋维修施工管理 ······················· 059
　　4.3.4 房屋维修日常养护的程序 ················ 061
　　4.3.5 房屋维修工程考核指标 ···················· 063
4.4 房屋本体维护管理规范 ························· 063
　　4.4.1 职责与权限 ······························ 063
　　4.4.2 房屋承重及抗震结构部位 ················ 063
　　4.4.3 外墙面 ··································· 064
　　4.4.4 公共屋面 ································· 065
　　4.4.5 公用照明 ································· 065
　　4.4.6 本体消防设施 ······························ 065
　　4.4.7 公共区域 ································· 066
　　4.4.8 上、下水管道 ······························ 066
　　4.4.9 冷气管道、通信线路、顶棚 ··············· 066
　　4.4.10 房屋主体常见问题及维修工艺流程 ······· 067
4.5 房屋巡检规范 ·································· 069
　　4.5.1 职责与权限 ······························ 069
　　4.5.2 巡检周期 ································· 069
　　4.5.3 巡检工具管理 ······························ 069
　　4.5.4 巡检工具的存放与领用 ···················· 070
　　4.5.5 巡检工具的使用 ··························· 070
　　4.5.6 巡检工具的维修与报废 ···················· 070
　　4.5.7 巡检主要内容 ······························ 070
4.6 大中修施工管理规范 ··························· 071
　　4.6.1 职责与权限 ······························ 071
　　4.6.2 施工管理 ································· 071
4.7 电梯运行管理规范 ····························· 075
　　4.7.1 电梯机房管理 ······························ 075

  4.7.2　电梯运行管理 ········· 076
  4.7.3　电梯维护保养 ········· 077
 4.8　空调系统安全运行管理规范 ········· 078
  4.8.1　空调机房管理 ········· 078
  4.8.2　空调运行管理 ········· 078
  4.8.3　空调系统定期保养 ········· 080
 4.9　变配电设备安全管理规范 ········· 081
  4.9.1　职责与权限 ········· 081
  4.9.2　变配电设备安全管理规范 ········· 082
 4.10　给水排水系统安全管理规范 ········· 085
  4.10.1　给水排水机房运行管理 ········· 085
  4.10.2　给水设施设备运行管理 ········· 085
  4.10.3　排水设施设备运行管理 ········· 086
  4.10.4　给水设施设备维护保养管理 ········· 087
  4.10.5　排水设施设备维护保养 ········· 087

第5章　校园公共秩序维护　　**089**

 5.1　物业公司对寄宿类学校校园公共秩序维护的认知 ········· 090
  5.1.1　公共秩序维护的特点 ········· 090
  5.1.2　公共秩序维护的价值 ········· 090
  5.1.3　公共秩序维护的要点 ········· 090
 5.2　出入口管理作业指引 ········· 091
  5.2.1　术语和定义 ········· 091
  5.2.2　服务要求 ········· 091
 5.3　突发人员聚集情况处置制度 ········· 096
 5.4　安全岗位异常行为及处理作业指引 ········· 097
 5.5　消防安全管理制度 ········· 099
  5.5.1　总则 ········· 099
  5.5.2　消防安全负责人职责 ········· 100
  5.5.3　秩序部门职责 ········· 100
  5.5.4　物业服务人员职责 ········· 101
  5.5.5　消防安全教育、培训 ········· 101

5.5.6 奖励和处罚制度 ·· 101
5.6 消防管理作业指引 ·· 102
　　　5.6.1 总则 ·· 102
　　　5.6.2 火灾预防 ·· 103
　　　5.6.3 消防应急处理方案 ·· 104
　　　5.6.4 消防演习 ·· 105
　　　5.6.5 消防宣传与消防器材、设施设备的维护 ·· 106
5.7 防火巡查管理制度 ·· 106
　　　5.7.1 防火巡查的组织实施 ·· 106
　　　5.7.2 防火巡查的部位、线路和频次 ·· 106
　　　5.7.3 防火巡查内容 ·· 107
　　　5.7.4 相关记录 ·· 108

第6章　校园环境管理 ·· 111

6.1 物业公司对寄宿类学校校园环境管理的认知 ·· 112
6.2 校园内部环境卫生管理 ·· 113
　　　6.2.1 楼宇外部环境卫生管理 ·· 113
　　　6.2.2 楼宇内部公共区域环境卫生管理 ·· 114
　　　6.2.3 楼宇室内环境卫生管理 ·· 117
6.3 消杀作业管理制度 ·· 120
　　　6.3.1 职责与权限 ·· 120
　　　6.3.2 巡视检查管理 ·· 120
　　　6.3.3 巡视检查要点 ·· 120
　　　6.3.4 消杀作业注意事项 ·· 120
　　　6.3.5 相关记录 ·· 121
6.4 绿化养护管理制度 ·· 122
　　　6.4.1 职责与权限 ·· 122
　　　6.4.2 环境部门管理 ·· 122
　　　6.4.3 巡视检查要求 ·· 123
　　　6.4.4 日常服务标准 ·· 124
　　　6.4.5 相关记录 ·· 126
　　　6.4.6 相关配图 ·· 127

6.5 垃圾分类管理制度 127
    6.5.1 职责与权限 127
    6.5.2 减量 128
    6.5.3 分类 128
    6.5.4 清运 128
    6.5.5 操作要求 129
    6.5.6 相关记录 131

第7章 校园公寓管理　133

7.1 安全服务 134
    7.1.1 职责与权限 134
    7.1.2 人员进出管理 134
    7.1.3 学生公寓公共场所管理 136
    7.1.4 活动室、自修室管理 136
    7.1.5 学生公寓值班台的基本介绍 136
    7.1.6 门厅管理 137
    7.1.7 学生公寓的巡视 138
    7.1.8 空余寝室的管理 140

7.2 生活服务 142
    7.2.1 生活服务提供和管理概述 142
    7.2.2 洗衣房、开水房的管理 142
    7.2.3 公共浴室的管理 143
    7.2.4 便利店管理 145

7.3 关键时刻服务 146
    7.3.1 迎新工作的基本原则 146
    7.3.2 学校迎新工作的接口与信息交流 147
    7.3.3 迎新准备 147
    7.3.4 氛围布置 148
    7.3.5 现场准备 148
    7.3.6 门厅管理 148
    7.3.7 巡视 148
    7.3.8 毕业生离校工作的基本原则 148

7.3.9 信息沟通 149
7.3.10 寒暑假期工作的注意事项 149
7.4 工作流程 152
7.4.1 新生住宿管理流程 152
7.4.2 学生退宿管理流程 152
7.4.3 公寓维修养护管理流程 154
7.4.4 公寓内务检查管理流程 156
7.4.5 公寓安全检查管理流程 156
7.5 文化建设 156
7.5.1 文化建设创新价值 158
7.5.2 文化建设创新具体举措 159

第8章 校园食堂安全卫生管理 **161**

8.1 食品安全管理职责 162
8.1.1 食品安全概念 162
8.1.2 食品安全目标 163
8.1.3 食品安全管理工作职责 163
8.2 食品加工环节安全管理流程 166
8.3 现场管理关键环节控制点 171
8.3.1 采购管理 171
8.3.2 库房管理 171
8.3.3 切配管理 173
8.3.4 烹制管理 173
8.3.5 主食管理 174
8.3.6 留样管理 175
8.3.7 凉菜管理 177
8.3.8 售餐管理 177
8.3.9 洗消管理 177
8.3.10 冰箱管理 178
8.3.11 闭餐检查 179
8.3.12 设备安全 180
8.4 食品安全事故应急预案 181

8.4.1 总则	181
8.4.2 组织机构和职责	181
8.4.3 事故报告和应急启动	183
8.4.4 事故应急处理	183
8.4.5 后期处置	185
8.4.6 预案培训	185
8.5 餐厅服务品质管理	185
8.6 食品安全管理部门巡检	188
8.6.1 巡检方式	188
8.6.2 食品安全管理部门巡检标准	188
8.7 学校食堂动线设计	198
8.7.1 食堂空间流线系统的构成	198
8.7.2 影响餐饮空间流线的因素	198
8.7.3 食堂空间流线的分类	198

第9章 校园教学保障　201

9.1 物业服务坚持"教学优先保障"原则	202
9.2 实验室教学保障实践	202
9.2.1 实验室教学保障存在的问题	202
9.2.2 实验室物业服务理念	203
9.2.3 实验室管理具体内容	204
9.3 图书馆教学保障实践	205
9.3.1 图书馆教学保障存在的问题	205
9.3.2 图书馆管理改革	206
9.3.3 图书馆管理具体内容	208
9.4 体育场馆教学保障实践	209
9.4.1 体育场馆教学保障存在的问题	209
9.4.2 体育场馆管理改革	210
9.4.3 体育场馆管理具体内容	212

第10章	校园安全风险管控	215
10.1	物业公司对寄宿类学校风险管控的认知	216
	10.1.1 制定风险准则	216
	10.1.2 校园风险点确定	217
	10.1.3 校园风险评估机制	217
10.2	基于时间节点的物业服务风险管控要点	219
	10.2.1 寒暑假时间	219
	10.2.2 入校时间	220
	10.2.3 离校时间	220
	10.2.4 上下课时点	221
	10.2.5 大型校园活动	222
10.3	不同服务区域的物业服务风险管控要点	223
	10.3.1 学生宿舍	223
	10.3.2 实验室	223
	10.3.3 校园出入口	224
10.4	学校特殊事件风险管控要点	225
	10.4.1 自然灾害事件	225
	10.4.2 意外伤害事件	225
	10.4.3 突发治安事件	227
	10.4.4 个体健康事件	228
	10.4.5 欺凌事件	229
10.5	学校物业服务应急预案	230
	10.5.1 电梯困人	230
	10.5.2 停电	232
	10.5.3 大型活动事故	233
	10.5.4 盗窃和破坏事件	234
	10.5.5 消防处理	234
	10.5.6 群体事件	235
	10.5.7 给水排水系统故障	235

参考文献 237

第1章

建立"服务助力学生成长"的校园物业服务体系

"大部分中小学主要依赖于走读模式,其主要关注点在于教学,因此校园物业服务的影响并不显著。但对于寄宿类学校,学生的学习与日常生活紧密相连,这为校园物业服务提供了更多的机会和创新空间。后勤服务在这种环境下的角色变得越来越关键。所以,对物业公司而言,构建适合寄宿类学校物业服务系统显得尤为关键。"

1.1 坚守"服务助力学生成长"的物业服务理念

良好有序的校园作为学校育人的一个重要空间和载体,是学校课堂教育之外的非正式学习的重要补充。作为学校管理中的一环,校园物业服务要秉持"围绕学生、关照学生、服务学生"的信念,创造利于学生学习和个人发展的美好校园和育人环境。始终践行"服务助力学生成长"的服务理念,创新"教学保障为核心"的管理理念。

校园物业服务需要全面认识"服务助力学生成长"服务理念的本质及其内涵,否则容易在实践中产生服务目标不明确、执行标准不清晰等问题。校园物业服务要立足"服务助力学生成长"的服务理念,逐步厘清认识、达成共识,最终落脚在建立一套"围绕学生、关照学生、服务学生"的校园物业服务体系,培育持续关注学生安全、支持学生发展和提升学生学习的校园环境,为"服务助力学生成长"的校园物业服务创造基本的落地条件。

首先,校园物业服务要重视学生主体能动性的发挥。校园物业服务要走近学生、了解学生,实现校园物业服务从"管理"向"服务"转变,实现服务学生从"被动服务"向"主动服务"转变。

其次,校园物业多维度服务要聚焦到"学生"这个中心上来。校园物业服务应重视餐饮、住宿、工程维修、环境卫生、秩序维护等多条线、多维度服务,营造舒适、安全的育人环境,既发挥人的榜样教育功能,又发挥物的环境育人作用。校园物业服务的育人功能是一种长期的、隐性的教育,要依托榜样与环境的力量,助力学生的全面发展。

1.2 增强校园安全事件的风险防范意识

学校是教书育人的场所,学校的稳定、安全是学生开展各项教育教学活动的基础,然而学校又处在社会环境之中,社会各方面因素和学校自身办学条件都会对校园内学生安全产生影响。学校相较于生产单位,难以发生较大的安全事件,因此多数学校对安全危机的管理重点多是停留在如何应对安全事件，而对事件之前的安全风险防范和隐患排查不够重视。

然而，一旦安全事件发生，尽管学校及相关各方都竭尽所能尽快投入解决危机事件之中。但从事件的后果上来说，损失已经造成，应急响应做得再好，也不可能达到百分之百的危机管理效果。因此，危机管理的重心应当前移，尽可能不让危害事件发生或者尽可能减少灾害造成的损失。预防是最好的管理手段，如果能通过预防而最终避免了危机的发生，就是达到了危机管理百分之百的效果。风险管理虽要投入，但比危机事件的处置和善后所需的花费要少得多，尤其是与因危机造成的人身伤害相比，风险管理的投入显得更为重要。通过风险管理来避免危机事件的伤害和损失，显然是最好的危机管理。

风险防控是校园安全的基础，校园安全管理的目的是防止出现安全事件。因此，校园安全管理是一个系统工程，重在风险防控，主要包括以下四个环节：①风险识别；②风险分析；③风险应对；④风险监测与沟通。前三个环节前后相继，第四个环节则贯穿整个风险管理过程。兴业源服务分别从以上四个环节入手，增强安全风险防范意识，系统防控校园安全。

1.3 提高学生多元需求的综合保障能力

寄宿类学校物业服务是多条线、多维度的任务，教师的工作、学生的学习和生活时空高度交叉，要做到多维度和谐，物业公司必须具备满足学生多元需求的综合保障能力。在服务的内容上，不仅包含传统的设施管理、秩序管理、环境管理等基础服务，还包括餐饮服务、公寓服务等；在人员的构成上，包括食堂工作人员、公寓管理员、保洁员、绿化工、安保人员、维修工等形形色色的工作者；在服务的场景上，涉及食堂、教学楼、宿舍、体育场馆等校园场景；在服务的目的上，包括教学保障、住宿保障、餐饮保障、人身安全保障等。寄宿类学校服务内容多元，服务手段多维，服务场景多样，对物业公司的能力提出了巨大的挑战和要求。

针对学生的多元化需求，物业公司自身要加强专业人才队伍建设，做好后勤保障人才队伍规划与建设。根据岗位需求筛选、培养专业技术人员，加强对业务骨干的培训，组建管理团队，不断提高工作人员的专业化、职业化水平及管理协调能力。同时，面对校园多样化的服务场景，有针对性地制定物业服务的工作计划，为校园提供制度化、规范化、流程化的综合保障服务。

第2章

校园物业服务基础性工作规范

优秀的校园物业服务离不开基础性工作规范的支撑，基础性工作的好坏直接关系着物业服务的质量，影响着物业服务具体业务的有效开展。物业服务的体系建设、目标管理，物业服务人员的行为规范、基本要求是校园物业服务基础性工作规范的主要内容，通过制定这些规范，为其他校园物业服务工作提供重要保障。

2.1 校园物业服务体系建设规范

2.1.1 内涵及作用

校园物业服务体系是指通过一定的方式方法，将校园物业服务过程涉及各种服务理念、标准、规范、规章制度整合在一个架构下运行的管理文件。建立健全的校园物业服务体系，明晰"服务助力学生成长"的服务理念、服务内容与服务支撑各主体之间的关系。

1. 服务理念

坚守"服务助力学生成长"的物业服务理念，增强校园安全事件的风险防范意识以及提高学生多元需求的综合保障能力。

2. 服务内容

服务内容包括与校园物业日常管理有关的综合设施管理、公共秩序维护、校园环境管理、校园住宿管理、校园餐饮服务等。

3. 服务支撑

管理服务支撑包括管理程序文件、品质监控体系、资源配置模型、奖励机制、用人理念、团队建设等。

推行兴业源校园物业服务体系是提升校园综合服务保障能力的着力点和突破口，有助于形成学校、物业公司权责清晰的校园服务体系，有利于发挥学校与物业公司的协同优势，有利于提升校园服务的资源配置能力，有利于提高学校和物业公司的决策和运行效率，有利于有效防控校园风险，为实现"服务助力学生成长"的战略目标提供有力保障。

2.1.2 管理原则

1. 系统协同原则

校园物业服务体系按照业务流程，纵向对物业公司权责界面，横向对学校和物业公司职责界面进行系统集成，对界面不清、重复交叉事项进行优化，分层搭建校园物业服务体系，上下承接，相互支撑。同时服务体系的编制与岗位职责、制度体系、风险控制体系、考核督导体系以及物业公司现有制度体系等各项工作有机结合，系统推进，做到权力、责任、利益三者统一对等，确保服务体系真正落到实处，取得实际效果。

2. 适度超前原则

校园物业服务体系是一种顶层设计，既着眼于当下，又需要适应未来寄宿类学校物业服务高质量发展的要求，带有一定的超前性，对下一步寄宿类学校深化管控体系改革、健全管理制度、提升服务品质发挥引领作用。

3. 有序督导原则

校园物业服务体系按照学校和物业公司协同管控的模式，采取分层督导考核和差异化授权，同时重点完善学校对关键事项的督导和考核程序，实现有效管控。坚持督导考核与能力建设相结合。

4. 可执行性原则

校园物业服务体系对服务流程和服务方式进行设计，以清单说明和指引方式呈现，直观明晰，便于理解，具备可执行性。同时，服务体系试行后，建立日常运行管理机制，每年进行评估，不断优化完善。

2.1.3 实施路径

校园物业服务体系的搭建是一项系统工程，历经实践先行、理论提炼、修正完善、实践发展再到理论总结等不断循环的过程。服务体系的实施管理路径，应着眼长远，稳妥推进。

1. 上下联动，循序渐进

建立上下联动机制，按照学校统筹业务督导，物业公司负责运营，依次梳理服务体系，物业公司修订发布的服务体系须经学校审核批准。

2. 格式统一，形式固定

为维护服务体系的严肃性、规范性、统一性，物业公司统一服务体系格式。服务体系视为制度进行管理，通过正式文件发布，以规范性文件形式统一发布。

3. 动态调整，长效管理

建立服务体系动态调整机制，应根据法律法规和学校规章制度的"立改废释"情况，及时调整服务体系事项；根据管理任务变化调整管理运行流程等情况，及时调整、完善服务体系执行程序。

建立有效的服务体系运行监督机制，确保服务体系的长效管理。加强服务体系建设并逐步完善绩效督导考核体系，做到权责利统一，确保服务体系真正落到实处、取得实效。

2.2 校园物业服务目标管理规范

1. 综合管理目标

（1）服务人员岗前培训率100%，专业技术人员持证上岗率为100%，特种作业持证上岗率为100%。

（2）物业服务档案收集整理完好率100%；按照规定年限保存服务档案及各项技术资料。

2. 设施设备运维管理目标

（1）根据急修、一般维修时间要求，一般维修及时率98%以上，急修及时率100%，返修率小于3%。

（2）设备、设施一般性故障立即排除，暂时不能处理的通知有关部门采取应急措施，应急措施得当、有效。

3. 卫生保洁及绿化管理目标

（1）卫生保洁单项满意度94%以上。

（2）垃圾清运及时率100%；固体废弃物回收及处理率98%。

（3）室外绿植完好率95%以上，草坪完好率95%以上；冬季根据学校认可的服务方案确定绿植、草坪完好率。

（4）室内绿植完好率98%以上。

4. 秩序维护目标

（1）封闭式项目访客登记率100%；杜绝无关外来人员随意进入。

（2）消防设施设备抽检合格率98%以上，消防设施故障排除率100%。

（3）杜绝安全生产责任事故。

（4）有效防止治安案件及事件的发生；有效处理车辆安全事故。

（5）开展校园风险管理，进行风险识别，建立风险消减措施；应急预案完善率100%，应急预案培训率100%，每年按公司要求开展应急预案演练；设置专职安全管理岗位，承担现场安全监管工作。

5. 延展服务管理目标

根据实际需求设定，服务达成综合评价95%以上。

6. 餐饮服务管理目标

（1）厨房操作人员及服务人员持健康证上岗率100%。

（2）保证厨房操作间、餐厅、餐具的卫生环境，餐具消毒率100%。

（3）定期对食材原料进行抽检，坚决杜绝"三无"产品、不合格原材料及过期产品，食材抽检合格率98%以上，不合格的食材坚决弃用，并对相关责任人进行追责。

（4）严格执行食品留样制度，食品留样率100%，留样时间不少于48h。

（5）保证餐厨区域消防安全，每日对燃气设施进行巡检、检查燃气阀门开关情况并做好记录；每半年对排烟管道进行清洗；杜绝火灾隐患。

2.3 学生满意度测评规范

2.3.1 相关服务人员职责权限

1. 满意度调查责任部门

（1）负责学生意见的征求和满意度调查。

（2）负责学生满意度意见和建议的整理、测评和总结。

（3）负责调查和整改结果的公示和跟进。

（4）应随时进行学生日常观察，了解学生对服务质量的反馈，不定期地进行随机访问，针对具体问题进行学生意见的征询。

2. 项目负责人

（1）应组织、监督责任部门进行满意度调查。

（2）负责对满意度调查结果进行审核确认。

（3）负责满意度调查结果的问题分析。

（4）负责协调制定针对性改进方案。

2.3.2 调查方式

（1）主要有日常观察、随机访问、上门访问、问卷调查、学生代表座谈会、电话或网络调查等方式。

（2）每年应组织两次全覆盖问卷调查。

（3）每季度组织一次部分覆盖的问卷调查或其他形式的意见征询。

（4）满意度调查问卷应涵盖所有物业服务内容，包括但不仅限于服务员工的礼仪礼貌、服务态度、处理问题的效率以及环境清洁、秩序安全、工程维修、绿化养护、餐饮服务等物业服务的意见和建议。

2.3.3 问卷调查流程

(1) 学生问卷调查流程见图2-1。

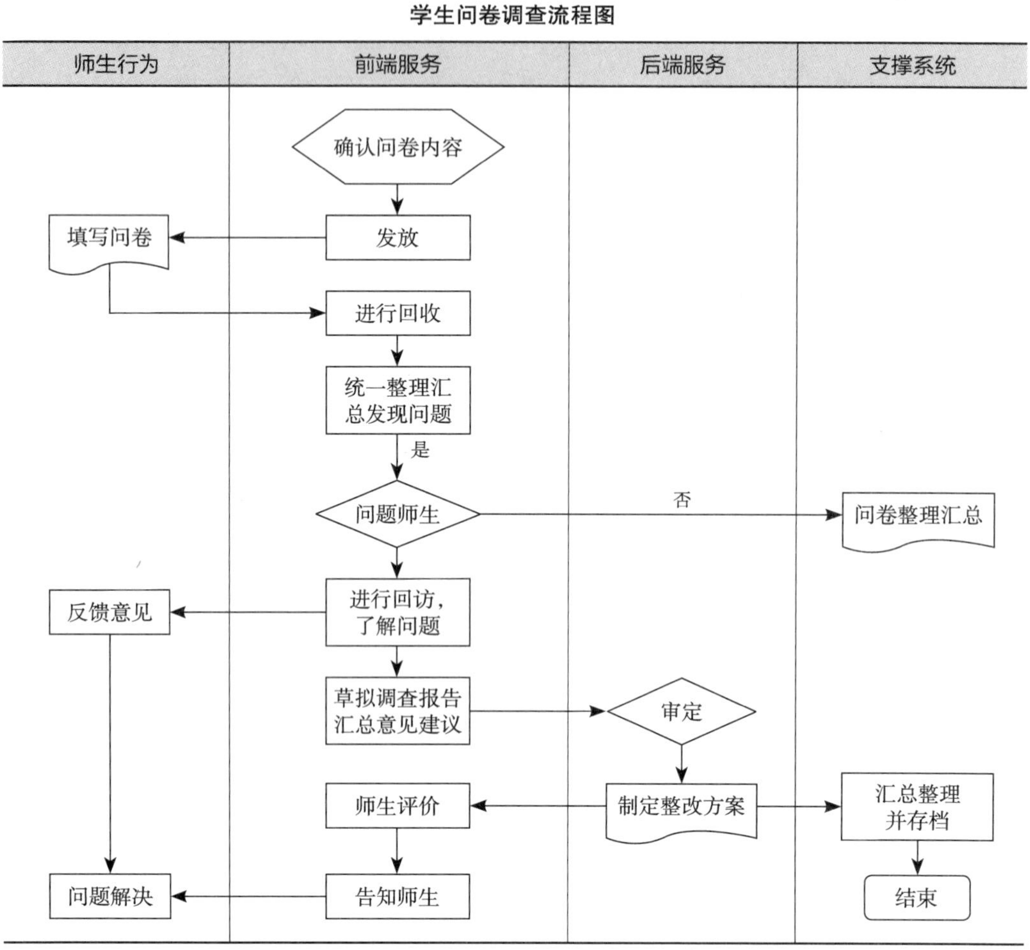

学生问卷调查流程图

师生行为	前端服务	后端服务	支撑系统
填写问卷 ←	确认问卷内容 → 发放 → 进行回收 → 统一整理汇总发现问题 → 问题师生(是/否)	否 →	问卷整理汇总
反馈意见 ←	进行回访，了解问题 → 草拟调查报告汇总意见建议 →	审定 → 制定整改方案 →	汇总整理并存档 → 结束
问题解决 ←	师生评价 ← 告知师生		

图2-1 学生问卷调查流程图

(2) 各服务项目按照既定问卷模板根据自身服务实际情况进行微调，确定调查问卷的内容。

(3) 责任部门负责人监督问卷发放到位情况。

(4) 问卷填写时间一般为5个工作日，由相关部门进行问卷的回收，交由责任部门统一整理；后期补收的调查问卷作为有效问卷，一并进行整理。

(5) 责任部门进行调查问卷的整理汇总，清点回收问卷数量、进行结果统计；不得随意将不满意的问卷作为无效问卷。

（6）责任部门应对满意度调查中意见较大的学生进行回访，了解存在的问题；并在问卷回收完毕，根据问题统计情况草拟调查报告，统计调查结果及意见。

（7）由项目负责人组织协调各部门进行统计结果和意见分析，在5个工作日内制定整改或提升方案，并对学生进行反馈。

（8）由责任部门对满意度调查资料进行汇总整理并存档，存档文件应包括所有回收的调查问卷、满意度调查报告、整改或提升方案及整改落实情况。

2.3.4 学生满意度测评

学生满意度测评见表2-1。

学生满意度测评一览表　　　　　　　　　表2-1

项目	内容	分数	备注
学生满意度测评	非常满意	1	
	满意	0.95	
	一般	0.8	
	不满意	0	
分项学生满意度	（"非常满意"数量×1+"满意"数量×0.95+"一般"数量×0.8）÷问卷数量×100%		
整体学生满意度	（"非常满意"数量×1+"满意"数量×0.95+"一般"数量×0.8）÷问卷数量×100%		

2.4 物业服务通用行为规范

（1）仪表要求规范见表2-2。

仪表要求规范　　　　　　　　　表2-2

部位	男士	女士	禁止项	要领
工服	1.工作时间内着工服，非因工作需要外出时不得穿着工服		1.工服有明显污迹、破损或掉扣	着装庄重整洁、挺拔
			2.着工服时，敞开外衣、卷起裤腿/衣袖	
	2.工服应干净、平整，衣着合体		3.衣服不合身，过大过小或过长过短	
			4.上装与下装不同季节，新旧混搭	
	3.工服按规范扣好纽扣，打领带、衣袖整洁		5.擅自改变工服的穿戴形式，私自增减饰物	
			6.制服衣兜内放过多物品，显得鼓起	
鞋	保持皮鞋清洁、光亮，底部不应有金属		鞋破损，或鞋上有灰尘、污迹不拭擦	
工牌	佩戴工牌应保持清洁、端正，统一佩戴在左胸上方（男士上衣口袋正中上方约1cm处位置），挂绳式应正面向上地挂在胸前		1.工牌放在上衣口袋中	
			2.工牌有破损或字面有磨损	

（2）仪容要求规范见表2-3。

仪容要求规范　　　　　　　　　表2-3

部位	男士	女士	禁止项	要领
整体	自然大方得体，精神奕奕，充满活力，整齐清洁		精神不振，面无表情，目光无神，邋遢	容貌端正
身体	注意个人卫生，保持身体清洁		身体有异味，可视的身体部位有纹身	
头发	保持头发干净整齐，不油腻，自然色泽		有头油和异味，颜色/发型标新立异	淡妆素抹
发型	前发不过眉，侧发不盖耳，后发不触领	发长不过肩，如留长发须束起或使用发髻，刘海长度不超过眉毛	张扬、散乱	
面容	脸、颈及耳朵保持干净、清爽，不留胡须	脸、颈及耳朵保持干净、清爽，淡妆上岗	使用味道浓烈的香水，男士留/蓄胡须，女士浓妆艳抹、在众人前化妆	
口腔	保持口腔清洁，口气清新		上岗前食用异味食物，饮用酒及酒精类饮料	
手	保持手部干净，指甲长度不宜超过指尖		留长指甲或涂有色指甲油，指甲内有污垢	

（3）语言规范要求见表2-4。

语言要求规范　　　　　　　　　表2-4

项目	规范	禁止项	要领
整体	1.语气语调要自然、柔和、亲切，口齿要清楚，用词要准确，语言要简练	1.讲粗话，脏话，蔑视或侮辱性的语言	礼貌、友好
	2.接受别人的帮助或称赞，应及时致谢	2.以任何借口顶撞、讽刺、挖苦学生	
	3.因自身原因给对方造成不便，应及时致歉		
问候	主动问候	问候时面无表情或嬉皮笑脸，对对方的问候毫无反应	
态度	1.耐心，不轻易打断别人的话语	1.消极、推诿、顶撞	耐心、诚恳
	2.真诚，面对学生的咨询和困难，应尽可能提供帮助，任何时候不能说"不知道""这不归我们管""这是学校的事"之类的言语	2.责骂、刁难	
	3.始终保持热情、耐心的态度		
	4.对待同事的过错，应亲切指正		

（4）工作人员相关行为规范展示。

①礼仪人员标准姿势见表2-5。

礼仪人员标准姿势		表 2-5
仪容仪表展示		
		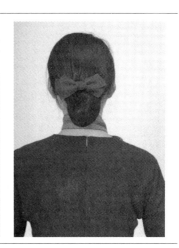
女士蹲姿展示		

女士走姿展示		

续表

鞠躬礼展示		

女士坐姿展示		

②安保人员标准姿势见表2-6。

安保人员标准姿势　　　　　表2-6

仪容仪表展示		

续表

站姿展示		

蹲姿展示		

车辆停车指引手势		

续表

车辆左/右转弯指引手势

车辆减速慢行手势

③工程人员标准姿势见表2-7。

工程人员标准姿势　　　　　　表2-7

仪容仪表展示

续表

站姿展示
 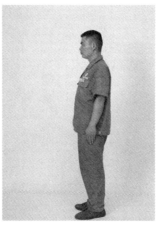 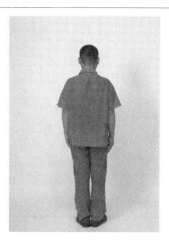
蹲姿展示
 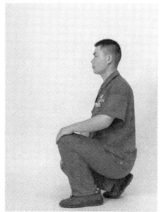 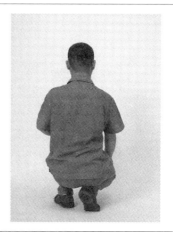
鞠躬礼展示

续表

坐姿及手势指引展示
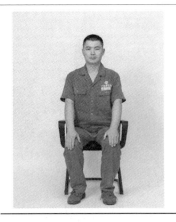 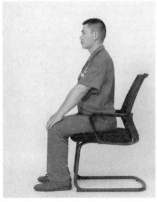 

④餐饮人员标准姿势见表2-8。

餐饮人员标准姿势　　　　表2-8

仪容仪表展示

站姿展示

（5）工作人员服务工作规范见表2-9。

工作人员服务工作规范	表2-9
迎宾	

前台客户接待	

续表

前台客户接待	

楼梯引导	

电梯引导	

续表

电梯引导
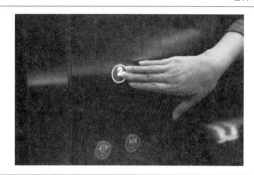 
物品递送
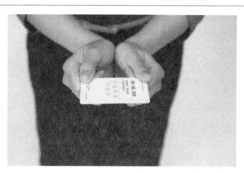 
握手

2.5 物业服务基本要求

2.5.1 服务场所

（1）设置校园服务中心，配置办公家具、电话、复印机、电脑、打印机、网络等办公设备。

（2）公示物业公司营业执照、项目负责人及主要服务人员照片，物业服务事项、服务标准等相关信息。

（3）学生及教职工均在校时，学校物业服务中心工作时间不少于18h；学生不在校但教职工在校时不少于8h，其他时间设置值班人员。应设置并公示24h物业服务电话。

2.5.2 人员要求

（1）从业人员按照相关规定取得职业资格证书。

（2）从业人员各岗位统一着装，佩戴标识。

（3）配备物业服务项目负责人，项目负责人任职资质要求见表2-10。

项目负责人任职资质一览表　　　　　　　　　　　　表2-10

职务	项目负责人
关键任职要求	1.具有5年或5年以上校园物业服务工作经验
	2.具有较强管理能力、组织协调能力和良好的服务意识
	3.具有严谨的工作态度和强烈的责任感
	4.具有与重要学生的沟通和洽谈，协调、处理学生重大投诉与建议，处理工作中的突发事件

（4）配备各专业工作人员。服务人员任职资质要求见表2-11。

服务人员任职资质一览表　　　　　　　　　　　　表2-11

职务	服务人员
关键任职要求	1.具有2年或2年以上的校园物业服务工作经验
	2.有一定接待技能基础，掌握投诉处理接待流程
	3.普通话标准，沟通能力强，具有良好的亲和力及服务意识
	4.气质较好，仪表端庄

2.5.3 制度

（1）建立共用部位及共用设施设备维修养护、消防安全防范制度。

（2）建立校园绿化养护、环境卫生、公共秩序维护等管理制度。

（3）建立食堂食品安全管理制度。

（4）建立突发事件的应急预案。

（5）建立物业员工培训体系，定期组织培训与考核见图2-2。

（6）建立物业服务工作记录。

图 2-2　定期培训

2.5.4　档案管理

（1）建立物业管理档案见图 2-3。

图 2-3　档案管理

（2）配备专兼职档案管理岗位人员，根据项目实际设立独立或非独立档案资料室见图 2-4。

图 2-4　档案管理人员

（3）应用物业服务软件管理基本信息、基础资料、维修养护资料、收费资料等。

（4）建立档案借阅制度见图 2-5。

图 2-5　档案借阅登记

2.5.5　标识

设置安全警示、作业施工警示、温馨提示等物业服务标识。

2.5.6　管理服务

（1）每月组织1次项目服务质量检查，重要节假日前组织安全检查。

（2）设置公共信息栏，每月至少更新1次；配合相关部门进行公益性宣传见图2-6。

图 2-6　校园宣传栏

（3）按规定投保物业共用部位、共用设施设备及公众责任保险。

2.5.7　专项服务委托管理

（1）签订专项服务委托合同，明确各方权利义务。

（2）专项公司应符合相关行政主管部门的资质要求；操作人员应持有相应的职业资格证书。

（3）专项公司人员统一着装，佩戴标识。

（4）对专项服务进行监督及评价。

2.5.8 保密要求

（1）加强保密制度教育，保证教学资料、试卷保密安全。相关工作管理人员签订《保密协议》。

（2）严格要求入室保洁人员、入室维修人员，不得翻动学校物品及文件，不得谈论学校工作事宜。进入服务区域内不得拍照、记录，一旦发现违规行为将严肃处理。

（3）协助学校做好文件、材料等的粉碎工作，对收集的垃圾进行分类处理。

第3章

校园物业承接查验

校园物业承接查验是物业公司承接校园物业前的重要工作，在实施验收之前，物业公司须与各方协调好承接查验的范围、程序，做好前期准备。在实施查验的过程中，要按照相应的流程做好记录，认真检查。查验的内容主要包括强电系统、电梯、安防系统、消防系统等关系学生学习和生活的工程设施。

3.1 承接查验概述

3.1.1 依据和原则

校园物业承接查验的依据，分为法律依据和合同依据，其中物业承接查验的法律依据主要是《民法典》"中有关于物业服务的法律法规"。承接查验的内容与标准主要依据《物业承接查验办法》以及各省、自治区、直辖市人民政府住房和城乡建设主管部门依据《物业承接查验办法》制定的实施细则。物业承接查验的合同依据，根据物业的不同情况有所区别，主要原则是不应超出物业服务合同规定的范围与内容。物业承接查验遵循诚实信用、客观公正、权责分明以及保护学校财产的原则。

物业公司在承接校园物业项目时，对整个校园的物业共用部位、共用设施设备以及档案资料认真清点验收，各方共同确认交接内容和交接结果，有利于明确各方的责、权、利，对维护建设单位、学校和物业公司的正当权益，避免矛盾纠纷，都具有重要的保障作用。规范、有序的校园物业承接查验直接关系到今后物业服务工作能否正常进行，也是物业公司提供良好服务的前提。基于此，兴业源服务制订了更为规范化、科学化的校园物业承接查验经验和参考标准，让校园规划设计的蓝图逐步成为美好现实。

3.1.2 范围

（1）共用部位：一般包括建筑物的基础、承重墙体、柱、梁、楼板、屋顶以及外墙、楼梯间、走廊、楼道、扶手、护栏、电梯井道、架空层及设备间等。

（2）共用设备：一般包括电梯、水泵、水箱、消防设备、楼道灯、电视天线、变配电设备、给水排水管线、电线、供暖及空调设备等。

（3）共用设施：一般包括道路、绿地、人造景观、围墙、大门、信报箱、宣传栏、路灯、排水沟、渠、池、污水井、化粪池、垃圾容器、污水处理设施、机动车（非机动车）停车设施、休闲娱乐设施、消防设施、安防监控设施、避雷设施、人防设施、垃圾转运设施以及物业服务用房等。

3.1.3 条件

（1）建设工程竣工验收合格，取得规划、消防、环保等主管部门出具的认可或者准许使用文件，并经建设行政主管部门备案。

（2）供水、排水、供电、供气、供热、通信、公共照明、有线电视等市政公用设施设备按规划设计要求建成，供水、供电、供气、供热已安装独立计量表具。

（3）道路、绿地和物业服务用房等公共配套设施按规划设计要求建成，并满足使用功能要求。

（4）电梯、二次供水、高压供电、消防设施、压力容器、电子监控系统等共用设施设备取得使用合格证书。

（5）物业使用、维护和管理的相关技术资料完整、齐全。

（6）法律、法规规定的其他条件。

3.1.4 程序

（1）确定物业承接查验方案。

（2）移交有关图纸资料。

（3）查验共用部位、共用设施设备。现场查验综合运用核对、观察、使用、检测和试验等方法，重点查验物业共用部位、共用设施设备的配置标准、外观质量和使用功能。现场查验形成书面记录，查验记录包括查验时间、项目名称、查验范围、查验方法、存在问题、修复情况及查验结论等内容，查验记录由建设单位、学校和物业公司参加查验的人员签字确认。

（4）解决查验发现的问题。现场查验中，物业公司将物业共用部位、共用设施设备的数量和质量不符合约定或者规定的情形，书面通知建设单位和学校，建设单位和学校及时解决并组织物业公司复验。

（5）确认现场查验结果，签订物业承接查验协议。建设单位和学校委派专业人员参与现场查验，与物业公司共同确认现场查验的结果，签订物业承接查验协议。物业承接查验协议对物业承接查验基本情况、存在问题、解决方法及其时限、双方权利义务、违约责任等事项，作出明确约定。

（6）办理物业交接手续。建设单位和学校在物业承接查验协议签订后10d内办理物业交接手续，向物业公司移交物业服务用房以及其他物业共用部位、共用设施设备。交接工作形成书面记录。交接记录包括移交资料明细、物业共用部位、共用设施设备明细、交接时间、交接方式等内容。交接记录由建设单位、学校和物业公司共同签章确认。分期开发建设的物业项目，可以根据开发进度，对符合交付使用条件的物业分期承接查验。建设单位、学校与物业公司在承接最后一期物业时，办理物业项目整体交接手续。物业公司自物业交接后30d内，持下列文件向物业所在地的区、县（市）房地产行政主管部门办理备案手续：物业服务合同、物业承接查验协议、建设单位和学校移交资料清单、查验记录、交接记录、其他承接查验有关的文件。物业公司将承接查验有关的文件资料和记录建立档案并妥善保管。

（7）物业承接查验档案属于学校所有。物业服务合同终止，原物业公司在物业服务合同终止之日起10d内，向学校移交物业承接查验方案。

3.2 承接查验方案

3.2.1 程序

《物业承接查验办法》规定新建物业的建设单位和学校在物业交付使用15d前，与选聘的物业公司完成物业共用部位、共用设施设备的承接查验工作。而在现场查验20d前，建设单位和学校向物业公司移规定的物业资料。因此，建议建设单位和学校在物业交付使用前至少50d根据国家有关规定完成物业的竣工验收，取得质量合格证书，并完成备案，完全达到物业交付使用的条件后，书面通知物业公司进行物业承接查验，并约定时间召开物业承接查验协调会议。

物业公司接到建设单位和学校的书面通知后，应主动与建设单位和学校联系，并查看物业承接查验应具备的条件的相关文件，即：

（1）关于工程质量合格证和规划、消防、环保认可及准许使用文件的备案文件。

（2）供水、供电、供气、供热等专业公司的供用合同与计量表具的相关文件。

（3）教育、卫生等公共配套设施的竣工验收文件。

（4）电梯、二次供水、高压供电、消防设施、压力容器、电子监控系统等共用设施设备取得使用合格证书。

（5）物业使用、维护和管理的相关技术资料完整齐全。

（6）物业服务合同等法规规定的物业管理的文件。

（7）物业竣工图纸及竣工资料。双方根据以上条件，约定物业承接查验的时间，共同制定物业承接查验方案。

3.2.2 内容

上述条件具备后，物业公司应及时作出书面回复，并约定双方召开物业承接查验首次协调会。双方根据有关规定和物业承接查验依据文件的约定，就物业共用部位、共用设施设备的承接查验进行协商，形成物业承接查验方案。其内容包括：

1. 物业承接查验小组

（1）由物业公司、建设单位和学校各抽调数名工程技术人员（包括土建与安装专业）及管理人员组成物业承接查验小组，建设单位亦可指派工程施工总承包单位、主要设备供货厂家、工程监理单位参加。

（2）同时邀请学校代表和房地产行政主管部门参加。由建设单位、学校和物业公司双方共同推选物业承接查验组长、副组长，制定各岗位职责与分工，规范物业承接查验工作。

2. 工程实施查验的技术依据

（1）物业项目设计文件引用的建筑与安装施工工程的国家、行业和地方标准与规范。

（2）建设单位提交的竣工图纸资料清单。

（3）设施设备供货厂家安装、调试、维修及使用说明书。

（4）物业服务合同约定的物业共用部位、共用设施设备的配置标准。

（5）建筑、安装工程施工与质量验收系列丛书（实用手册）。

3. 移交规定的物业资料

现场查验20日前，建设单位向物业公司移交规定的物业资料。主要包括：

（1）竣工总平面图，单体建筑、结构、设备竣工图，配套设施、地下管网工程竣工图等竣工验收资料。

（2）共用设施设备清单及其安装、使用和维护保养等技术资料。

（3）供水、供电、供气、供热、通信、有线电视等准许使用文件。

（4）物业质量保修文件和物业使用说明文件。

（5）承接查验所需要的其他资料。

4. 现场检查和验收

新建物业的现场查验时，物业公司对下列物业共用部位、共用设施设备进行现场检查和验收：

（1）共用部位：一般包括建筑物的基础承重墙体、柱、梁、楼板、屋顶以及外墙、门厅、楼梯间、走廊、楼道、扶手、护栏、电梯井道、架空层及设备间等。

（2）共用设备：一般包括电梯、水泵、水箱、避雷设施、消防设备、楼道灯、电视天线、发电机、变配电设备、给水排水管线、电线、供暖及空调设备等。

（3）共用设施：一般包括道路、绿地、人造景观、围墙、大门、信报箱、宣传栏、路灯、排水沟、渠、池、污水井、化粪池、垃圾容器、污水处理设施、机动车（非机动车）停车设施、休闲娱乐设施、消防设施、安防监控设施、人防设施、垃圾转运设施以及物业服务用房等。

（4）拟定物业共用部位、共用设施设备现场查验方案，主要包括：查验项目、内容、标准、方法、时间与进度、问题的收集与处理、工具与器材、参加人员、记录人、负责人等。

（5）物业承接查验物资准备，主要包括：查验人员的组织与培训、设备、仪器仪表、工具、防护用具、记录表格等。

3.3 校园物业承接查验现场指引

3.3.1 职责与权限

（1）根据对校园物业产权或建设单位下发的《校园物业承接查验通知》，组织开展物业项目承接查验工作。

（2）应按照《校园物业承接查验通知》和接管验收条件进行查验，对在查验过程中发现的问题应明确记录在案，会同学校、建设单位共同协议处理办法，商定复验时间，督促校园物业设计、施工、监理等单位限期整改。

（3）校园物业接管交付使用后，如发生重大质量事故，应会同校园的产权、建设、设计、施工、监理等单位共同分析研究，查明原因，配合相关单位落实整改。

（4）承接查验过程中，根据校园物业实际运行状况，可与学校、建设单位签订协议，负责校园物业代修、保修。

3.3.2 工作要求与条件

1. 工作要求

（1）物业项目在房屋交付前进行共用部位承接查验，并确保共用部位能在完好无损、功能齐备、达到安全和使用要求的情况下进行完整移交。

（2）学校与物业公司应本着有利于学校安全使用、有利于安全风险的有效规避、有利于物业公司品牌的维护和提升的原则，按要求对物业项目的共用部位实施承接查验工作，并防止工程未完工、未完成竣工验收及未达到安全底线标准的情况下进行承接查验及交付。

（3）学校与物业公司根据房屋建筑质量缺陷中重要和紧急程度的不同，共同协商确定相关质量缺陷的整改完成时间。对于涉及安全底线标准的质量缺陷，在学校移交给物业公司前完成整改；对于不涉及安全底线标准的质量缺陷，若无法在移交前全部整改完毕，学校应确保在交付后的1个月内完成整改。

（4）校园物业接管后，应负责在3个月内组织办理入驻手续，逾期未办理的应承担因校园物业空置而产生的物业管理经济损失和事故责任。

2.工作条件

（1）新建房屋的接管验收，是在竣工验收合格的基础上，以主体结构安全和满足使用功能为主要内容的再检验。

（2）建设工程竣工验收合格，取得规划、消防、环保等主管部门出具的认可或者准许使用文件，并经建设行政主管部门备案。

（3）供水、排水、供电、供气、供热、通信、公共照明、有线电视等市政公用设施设备按规划设计要求建成，供水、供电、供气、供热已安装独立计量表具。

（4）道路、绿地和物业服务用房等公共配套设施按规划设计要求建成，并满足使用功能要求。

（5）电梯、二次供水、高压供电、消防设施、压力容器、电子监控系统等共用设施设备取得使用合格证书。

（6）物业使用、维护和管理的相关技术资料完整齐全。

（7）法律、法规规定的其他条件。

（8）存在下列情形之一的，物业公司有权拒绝对校园物业项目进行承接查验：物业项目交付使用前未开展承接查验，物业公司可拒绝签订《物业管理委托合同》；物业项目工程未完工、未完成竣工验收，物业公司可拒绝进行物业承接查验；物业项目产权方或建设单位单方要求对部分功能性设备、设施整体不进行承接查验时，物业公司可拒绝或终止进行物业承接查验；物业项目在承接查验过程中发现物业本体具有功能性质量缺陷或不符合安全底线标准的质量缺陷时，物业公司可拒绝或终止进行物业承接查验。

3.工作流程

（1）承接查验流程见图3-1。

承接查验流程图

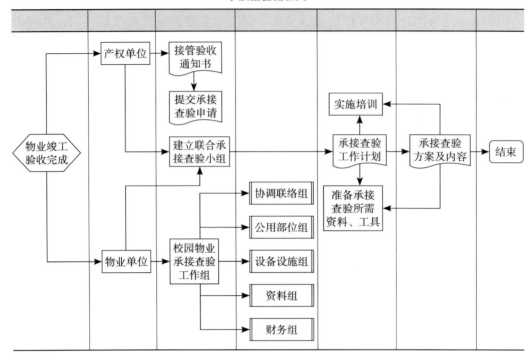

图3-1 承接查验流程图

(2)流程节点说明见表3-1。

流程节点说明表   表3-1

承接查验工作组	协调联络组	公用部位组	设备设施组	资料组	财务组
职责	主要负责承接查验期间物业公司与校园物业产权、建设单位的联络、沟通、会商等事宜	主要负责校园物业公用部位的查验工作	主要负责公用设备、设施的查验工作	主要负责校园物业资料、学校资料的查验工作	主要负责校园物业财务、账务的查验工作
承接查验方案	1.验收时间;2.验收项目;3.验收范围及内容;4.验收标准和条件;5.承接查验组织计划;6.承接查验流程;7.承接查验期间工作计划					
实施培训内容	1.物业管理有关法律法规内容;2.查验流程与程序;3.文档编制和报告写作;4.安全和应急管理					
所需工具、资料	建设单位书面提请物业公司承接查验,在现场查验20日前,建设单位向物业公司移交相关物业资料					

4.确定承接项目

(1)物业项目完成竣工验收。

(2)学校向物业单位发出《接管验收通知单》。

（3）学校或建设单位向物业公司提交组织开展承接查验申请，物业公司在收到申请后的5～10个工作日内对校园物业是否具备承接查验条件予以审核、确认，并记录《校园物业承接查验条件审核单》，与学校或建设单位确认是否同意接管验收。

（4）如校园物业具备承接查验条件，物业公司应与学校或建设单位签订《校园物业承接查验协议书》。

3.3.3 承接查验前期准备

1.双方联合建立承接查验工作小组

（1）物业公司为顺利开展承接查验，应成立"校园物业承接查验工作组"，并根据校园物业专业类别和工作需要，分设若干小组，由素质好、业务精、对工作认真负责的管理人员和专业技术人员共同组成。

（2）承接查验小组成立后，应明确各小组承接查验工作范围和职责，各小组要细分承接查验范围，做到对校园物业承接查验无死角、全方位、无遗漏。同时，还要结合小组职责合理搭配管理人员和专业技术人员。

2.校园物业承接查验首次会

负责校园物业承接查验的公司应在开展承接查验前15个工作日内，组织学校、建设、施工、监理等相关单位，召开承接查验首次会，确定各方参与人员和工作安排，依法明确承接查验工作验收事项、标准及整改期限等相关事宜，以确保校园物业顺利开展承接查验。

3.制定承接查验工作计划

（1）经查验符合要求物业公司在验收前，应参照物业承接查验流程，结合相应校园物业实际情况编制《××校园物业项目承接查验流程》。

（2）物业公司由各专业人员组建承接查验小组，明确分工，应在7个工作日内编制《××项目校园物业承接查验方案》。

（3）编制《××项目校园物业承接查验方案》时，应确定验收时间、验收标准、验收整改期限等内容。编制"验收流程图"时加强承接查验工作的计划性、严肃性，确保承接查验工作的平稳、有序、高效进行。

（4）承接查验应由学校或建设单位、物业公司以及施工单位三方同时在场验收。

4.承接查验工作人员实施培训

（1）物业公司在开展对校园物业项目承接查验前，应组织所有参加承接查验的人员进行相关培训，确保每位参与查验人员都了解校园物业现状及验收标准、程序、要求和问题处理方法。

（2）所有参与承接查验工作的各专业小组人员，包括：土建、电气、暖通、空调、给水排水、市政、绿化园林、保洁、安保等相关人员提前进驻项目，了解校园物业房屋本体、设备安转运行状况；同时，包括校园物业前期建设施工图纸、洽商和其他相关书面资料、施工情况、设备安装、调试、运行情况，并参与校园物业项目内的各项设备、系统运行。

5. 准备承接查验所需资料、工具

（1）建设单位书面提请物业公司承接查验，在现场查验20d前，建设单位向物业公司移交相关物业资料。

（2）依据：物业服务合同；物业规划设计方案；学校移交的图纸资料；建设工程质量法规、政策、标准和规范。

3.3.4 实施验收

1. 查验方法

（1）物业承接查验不能抽样查验，须全部清点与查验。

（2）核对查验：核对查验对象的数量，检验是否符合法律、法规及设计规范的要求。

（3）感官查验：是对查验对象的外观进行检查，一般采取目视、触摸等方法进行。

（4）试用查验：通过启用设施或设备来直接检验被查验对象的安全质量和使用功能，以便能直观地了解其符合性、舒适性和安全性等功能。

（5）试验查验：通过必要的试验方法（例如，通水、通电、闭水试验等）测试相关设备的性能。

（6）检测查验：通过运用仪器、仪表、工具等对检测对象进行测量，以检测查验对象是否符合质量要求。

2. 查验内容

（1）强电系统查验方向及内容见表3-2。

强电系统查验方向及内容　　　　　表3-2

承接查验方向	承接查验内容
查验范围	1. 变配电室设施设备（包括：应急发电机系统设施设备）； 2. 空调系统供电设施设备； 3. 给水排水系统供电设施设备； 4. 楼宇自控系统供电设施设备； 5. 消防系统供电设施设备；

续表

承接查验方向	承接查验内容
查验范围	6.安全防范系统供电设施设备； 7.照明系统设施设备； 8.校园用电系统设施设备； 9.电梯系统供电设施设备
查验组织	1.系统查验工作，应由施工单位完成各系统的自检，并提交自检报告后进行； 2.各系统查验工作完成后，由物业将存在问题进行汇总，并分别报送各有关单位。由施工单位对存在的问题进行确认，由建设单位和学校组织开展完善与维修工作，完善、维修工作结束，由物业将整改情况进行汇总并报送各有关单位
承接查验标准	承接查验标准参照物业公司内部标准

（2）强电系统查验现场见图3-2。

图3-2 强电系统查验现场

（3）电梯系统查验方向及内容见表3-3。

电梯系统查验方向及内容 表3-3

承接查验方向	承接查验内容
查验范围	项目范围内的所有直、扶梯设施设备，包括竣工验收资料及电梯机房、电梯轿厢、电梯井道、电梯底坑等部位的机械装置和电气装置
查验组织	1.成立电梯验收组，按查验内容及方法进行详细检查； 2.查验人员将检查过程中发现的问题记录在相关电梯承接查验表中； 3.查验组负责人将电梯承接查验表中问题汇总； 4.查验人员按查验组负责人的安排跟踪、检查问题整改情况
参照规范	1.电力驱动的曳引式或强制式乘客电梯及载货电梯的设备检查及试运行应符合现行国家标准《电梯安装验收规范》《电梯制造与安装安全规范》的规定； 2.自动扶梯设备的检查与试运行应符合现行国家标准《自动扶梯和自动人行道的制造与安装安全规范》的规定
承接查验标准	承接查验标准参照物业公司内部标准

（4）电梯系统查验现场见图3-3。

图 3-3　电梯系统查验现场

（5）安防系统查验方向及内容见表 3-4。

安防系统查验方向及内容　　　　　表 3-4

承接查验方向	承接查验内容
查验范围	1. 电视监控系统； 2. 出入口控制（门禁）系统； 3. 停车管理系统； 4. 入侵报警系统； 5. 巡更管理系统； 6. 综合管理系统
查验组织	1. 查验应由产权、建设单位项目技术负责人组织施工单位、系统集成商、设计单位有关专业的技术、质量负责人和物业公司专业人员共同组成查验小组，对各子系统实施系统检测，并由相关专业的监理工程师监督执行。检测小组负责人应具备相关专业高级职称，且有 3 年以上的实际相关工程施工质量管理经验； 2. 各子系统工程竣工后，应由施工单位会同系统集成商自行组织有关人员进行检测，并向产权、建设单位提交安防系统工程施工竣工自检报告
查验要求	1. 安全防范系统施工质量的查验应根据系统设计方案、工程施工合同规定、系统现行国家验收标准、施工图纸来检查工程的实际施工质量情况； 2. 安全技术防范产品经过国家或行业授权的认证机构（或检测机构）认证（检测）合格，并取得相应的认证证书（或检测报告）； 3. 安防系统安装质量查验应包括环境布局、配电（包括应急电源）、电气防护、走线、接线、标识、通信、通风、防水、机房安全、机房温湿度等； 4. 应对安防系统的各类探测器、摄像机、云台、护罩、控制器、辅助电源、电锁、对讲机等设备安装的部位、产品规格型号和安装质量等进行查验； 5. 应对系统各类探测器、控制器、执行器等部件的电性能和功能进行查验； 6. 查验应采用逐点通电、单机、联动的形式进行检测，检测结果应填写检测记录表，并由各方签字确认； 7. 安防系统的控制柜、箱、控制台与机架、监视器等的施工质量的查验应遵照《安全防范工程技术标准》GB 50348 的有关规定执行； 8. 安防系统施工质量查验后，应有建设单位、监理单位、系统集成商和施工单位签字的查验报告； 9. 在系统设备施工检测完成后可进行系统调试，系统调试完成后，经产权方、建设方同意后可进入系统试运行。系统试运行时，应做好试运行记录； 10. 系统检测是在设备施工检测和试运行的基础上，对系统性能和功能进行检测。检

续表

承接查验方向	承接查验内容
查验要求	测以系统功能检测和现场设备性能检测为主,并结合检查相关技术文件和资料的完整性、规范性。系统性能和功能检测的依据是:相关的国家现行标准、工程技术文件、产品资料等; 11.在进行系统检测前,施工单位应根据工程合同和设计文件编制检测大纲
系统综合防范功能查验要求	1.防范范围、重点防范部位和要害部门的设防情况、防范功能以及技防设备的运行是否达到设计要求,有无防范死角; 2.开通稳定运行时间的检测; 3.各安全防范子系统之间的联动是否达到设计要求; 4.监控中心系统记录(包括校园监控的图像记录和报警记录)的质量(包括有效识别方式)和保存时间是否达到设计要求等; 5.各安全防范子系统承包商编制的学校应用软件、学校组态软件及接口软件等应用软件,除进行功能测试和系统测试之外,还应根据需要进行容量、可靠性、安全性、可恢复性、兼容性、自诊断等多项功能测试,并保证软件的可维护性; 6.对具有系统集成要求的系统还应检查系统的接口、通信功能和传输的信息是否达到设计要求
承接查验标准	承接查验标准参照物业公司内部标准

(6)安防系统查验现场见图3-4。

图3-4 安防系统查验现场

(7)消防系统查验方向及内容见表3-5。

消防系统查验方向及内容 表3-5

承接查验方向	承接查验内容
查验范围	1.消防电源及消防疏散照明设备、防爆电气设备(包括:应急配电系统设备、自备应急发电设备、EPS电源、UPS电源、消防互投开关、消防电气线路、火灾应急照明及安全疏散指示标识、防爆照明设备、防爆动力设备等); 2.自动喷水灭火系统(包括:消防水箱、消防水箱给水管路和控制装置、消防水泵、喷淋水泵、稳压泵、喷淋管线和喷淋头、消火栓及消火栓箱、湿式报警阀、水流指示器、雨淋阀等); 3.火灾自动报警设备(包括:消防自动报警主机和CRT、各种火灾探测器;手动报警按钮;区域报警控制器和集中报警控制器等);

续表

承接查验方向	承接查验内容
查验范围	4.消防控制中心与联动控制系统（包括：联动控制台、区域联动控制器、集中联动控制器、UPS电源和操作电源、消防直通电话等）； 5.应急广播系统（包括：声源设备、功率放大器、声控器、扬声器等）； 6.防排烟系统设备（包括：排风机、排烟风机、正压送风机、排烟风道、正压送风风道、正压送风风口、防排烟风口、防火阀等）； 7.通风空调系统； 8.气体灭火系统； 9.防火门、防火卷帘（包括：防火门、电动防火门等）； 10.消防电梯； 11.灭火器配置； 12.防火、防烟分区； 13.智能防火系统（包括：智能探测器、智能终端等）
查验组织	1.消防系统承接验收工作，应在学校或建设单位通过消防验收的基础上进行，消防系统承接验收前施工单位还应将相关的检验、检测记录（报告）及消防系统深化设计图纸、变更洽商记录及联动关系表等相关图纸及技术资料交与物业公司并按照设计要求及系统实际情况组织设备厂家及施工人员对承接查验人员进行系统的培训； 2.参加承接验收工作人员应在掌握系统设计要求及现场实际情况并能熟练操作消防系统设备的情况下进行承接查验工作，承接查验全过程施工单位技术人员及相关施工人员应全程陪同进行； 3.承接查验工作过程中所发现问题应形成统一的记录并由产权或建设单位、施工单位、监理单位和物业公司四方签认，同时根据问题的严重程度及现场实际情况确认整改完成时间，由产权或建设单位责成相关单位负责整改工作
查验要求	1.设置、配置及安装质量检查：符合现行国家标准及本标准规定并符合设计要求； 2.各分项、分部工程的检验、检测记录及消防设备、材料进场检验记录齐全、合格、有效； 3.外观检查完好无破损、污染
承接查验标准	承接查验标准参照物业公司内部标准

（8）消防系统查验现场见图3-5。

图3-5 消防系统查验现场

（9）楼宇自控系统查验方向及内容见表3-6。

楼宇自控系统查验方向及内容　　　　　　　　　　　　　　　　　表 3-6

承接查验方向	承接查验内容
查验范围	1.空调与通风系统； 2.变配电系统； 3.照明系统； 4.给水排水系统； 5.热源和热交换系统； 6.冷冻和冷却系统； 7.电梯和自动扶梯系统等各子系统
查验组织	1.查验小组应由产权、建设单位项目技术负责人组织施工单位有关专业的技术、质量负责人和物业公司专业人员共同组成检测小组，依据合同技术文件和设计文件，以及本规范规定的检测项目、检测数量和检查方法制定检测方案，对各系统实施系统查验； 2.系统查验工作，应由施工单位完成各系统的自检，并提交自检报告后进行
主要设备的 承接查验要求	1.应对材料和设备的外观、包装及品种、数量等进行检查； 2.应对材料、设备的中文质量合格证明文件、规格、型号及性能检测报告进行核对； 3.检查材料的品种、规格、性能等应符合现行国家产品标准和设计要求； 4.控制柜（屏、台）等应有系统集成商的自检记录； 5.所需的专用工具、仪表和备品备件等，按工程合同所规定的数量型号备齐
系统软件承接 查验要求	1.商业化的软件，如操作系统、数据库、系统软件、组态软件和网管软件等应做好使用许可证及使用范围的查验，并进行必要的功能测试和系统测试； 2.组态软件、信息安全软件和其他一些半商业化软件，除按商业化软件要求进行检测查验外，还需针对其在智能建筑工程中的需求进行二次开发，其二次开发部分应按自编应用软件的要求检测查验； 3.由系统集成商编制的学校应用软件、学校组态软件及接口软件等应用软件，除进行功能测试和系统测试之外，还应根据需要进行容量、可用性、安全性、可恢复性、兼容性、自诊断等多项功能测试，并保证软件的可维护性； 4.所有自编应用软件均应提供完备齐全的文档（包括软件资料、程序结构说明、安装调试说明、使用和维护说明书等）； 5.系统集成商应提供必要的调试检测用软件和开发工具
系统承接测试	1.系统承接测试的基本条件：系统安装调试、试运行后的正常，应不少于一个月的试运行； 2.进行了系统检测，检测结论合格，对其中的不合格项已进行了整改，并有整改复验报告； 3.各智能化子系统已进行了系统管理人员和操作人员的培训，并有培训记录，系统管理人员和操作人员已可以独立工作； 4.检测以系统功能检测和性能检测为主，同时进行现场安装质量检查、设备性能检测及工程实施过程中质量记录进行复核； 5.系统检测的技术文件应依据：工程合同技术文件；工程施工图设计文件；设计变更审核文件
过程质量记录	1.设备器材进场检验记录； 2.隐蔽工程检验记录； 3.工程安装质量检查及观感质量验收记录； 4.设备及系统运行自检记录； 5.设备运行记录

续表

承接查验方向	承接查验内容
一般项目根据现场配置和运行情况还应对以下项目做出评测	1. 控制网络和数据库的标准化、开放性； 2. 系统的冗余配置，主要指控制网络、工作站、服务器、数据库和电源等； 3. 系统可扩展性，控制器I/O口的备用量应符合合同技术文件要求，但不应低于I/O口实际使用数量的10%，机柜至少应留有10%的卡件安装空间和10%的备用接线端子； 4. 节能措施评测，包括空调设备的优化控制、冷热源能量自动调节、照明设备自动控制、风机变频调速、VAV变风量控制等。根据合同技术文件的要求，通过对系统数据库记录分析、现场控制效果测试和数据计算后作出是否满足设计要求的评测
查验结论处理和判定	1. 系统检测结束时应有完整的检测报告，检测报告中要有明确的检测结论，系统检测结论为合格或不合格； 2. 检测中主控项目有一项不合格，则系统检测不合格；一般项目两项或两项以上不合格，则系统检测不合格； 3. 系统检测不合格限期整改，然后重新检测，直至检测合格，重新进行系统检测时抽检数量要加倍，系统检测合格，但存在不合格项，应对不合格项进行整改，直到整改合格
承接查验标准	承接查验标准参照物业公司内部标准

（10）楼宇自控系统查验现场见图3-6。

图3-6 楼宇自控系统查验现场

（11）综合布线系统查验方向及内容见表3-7。

综合布线查验方向及内容 表3-7

承接查验方向	承接查验内容
查验范围	1. 项目范围内布线； 2. 数据传输设备、设施，包括工作区、电信间、设备间、线槽、线缆、桥架以及图纸资料
查验时重点关注的问题	1. 标识清楚：标识可以分为以下类别：通道标识、空间标识、电缆标识、端接硬件标识、接地标识。其中，对日常维护最重要的是电缆标识，注意的是标识越细致，日常维护越简单。其中，设备间标识尤为重要，垂直、水平、光缆，甚至于房间的端接面板都应标识清楚； 2. 线缆清楚：综合布线系统采用异步传输非屏蔽双绞线方案，传输距离不能超过100m。当不能满足要求时，应采用光缆

续表

承接查验方向	承接查验内容
培训	1.设备厂家、施工单位或交与方提供相关技术培训； 2.培训内容应包括：系统整体介绍；交换机、接收机、适配器等硬件设备介绍；测试工具的使用；一般故障的判断及解决办法
承接查验标准	承接查验标准参照物业公司内部标准

（12）综合布线系统查验现场见图3-7。

图3-7 综合布线系统查验现场

（13）空调系统查验方向及内容见表3-8。

空调系统查验方向及内容　　　　　表3-8

承接查验方向	承接查验内容
查验范围	1.项目范围内空调系统； 2.排风排烟系统； 3.冷冻和冷却系统； 4.锅炉系统； 5.消防正压送风系统等
承接查验标准	承接查验标准参照物业公司内部标准

（14）空调系统查验现场见图3-8。

图3-8 空调系统查验现场

(15)给水排水系统查验方向及内容见表3-9。

给水排水系统查验方向及内容   表3-9

承接查验方向	承接查验内容
查验范围	包括但不限于项目范围内的如下设备设施:生活冷、热水,直饮水,中水,排水(雨水、污水)系统设备、设施
查验重点关注问题	1.管道安装牢固、控制部件启闭灵活、无滴漏。水压试验及保温、防腐措施符合采暖与卫生工程施工及验收规范的要求。应按套安装水表或预留表位; 2.高位水箱进水管与水箱检查口的设置应便于检修; 3.卫生间、厨房内的排污管应分设,出户管长不宜超高压,并不应使用陶瓷管。塑料管、地漏、排污管接口、检查口不得渗漏,管道排水流畅; 4.卫生器具质量良好,接口不得渗漏,安装应平正、牢固、部件齐全、制动灵活; 5.水泵安装应平稳,运行时无较大振动; 6.消防设施符合建筑设计防火规范、高层民用建筑设计防火规范的要求。并且有消防部门检验合格签证
承接查验标准	承接查验标准参照物业公司内部标准

(16)给水排水系统查验现场见图3-9。

图3-9 给水排水系统查验现场

(17)钥匙查验方向及内容见表3-10。

钥匙查验方向及内容   表3-10

承接查验方向	承接查验内容
查验范围	1.公共区域钥匙:校园物业各出入口、各校园室、各设备机房门钥匙; 2.楼宇内部房间钥匙:学校尚未入住时空置区域钥匙,包括区域大门、房间门的钥匙; 3.重点部位钥匙:校园物业内机房、制高点、生活饮用水箱、仓库及应急备用钥匙等
查验组织	1.钥匙的承接查验工作应在完成房屋本体及公共设施和公共配套设施设备的承接查验后进行; 2.钥匙的承接查验工作应由产权、建设单位统一组织,各种钥匙应做到完整、完全移交,承接查验记录应清晰; 3.钥匙承接查验工作中发现的问题应由建设单位负责整改、完善
承接查验标准	承接查验标准参照物业公司内部标准

（18）钥匙查验现场见图3-10。

图3-10　钥匙查验现场

3.3.5　安全底线

1.消防系统

（1）消防工程须有消防验收合格证明，并在交付时系统整体能正常工作。

（2）防火门符合消防要求，能有效防火、防烟；防火卷帘在自动和手动控制下均能可靠动作。

（3）消防或逃生通道间距与高度符合消防要求，各处消防通道内没有障碍物，并保持畅通。

（4）高层建筑的疏散走道和安全出口处设置有合格的灯光疏散指示标识。

（5）高层建筑至少有一种可以有效通知驻厦单位学校疏散的设备。

2.其他重要设备及系统

（1）电梯有当地质量技术监督部门出具的电梯合格证明和准用文件；消防电梯须按消防设计确保正常运行。

（2）供电系统（LV低压/HV高压）：提供设备测试报告，操作手册和完工图纸；所有高/低压设备需能正常自动或手动工作；提供设备操作工具和备件；发电机能正常投入使用，停电状态下能自动转换给消防系统提供应急满负载设备电源。

（3）超低压系统（ELV）：消防或报警系统电源配备应急电源。

（4）防雷接地系统：须提供防雷和地线检测证书，在承接查验检测过程中，检测参数应不低于国家或地方的最低要求。

（5）通风系统（排风和新风）：密封场所提供通风（自然或机械通风，以建筑设计文件为准）；自然通风场所保证通风管道和通风口没有堵塞。

（6）燃气系统（煤气或天然气）：燃气管网不能通过密封空间（设在通风空间）；燃气管网如有减压设备，能自动工作并提供手动调控阀；若当地燃气管理部门对燃气系统有另行规定的,则以当地管理部门的规定开展承接查验。

(7)生活供水系统须有合法且符合标准(或有卫生许可证)的供水水源为校园物业提供生活用水。

(8)弱电系统(安防及停车管理系统):物业项目规划设计的周界防越、联动报警系统、门禁管理系统、闭路电视监控、楼宇对讲系统、室内安防系统、车场道闸管理系统、紧急广播等系统均应确保正常运行。

3.校园物业房屋本体及公共设施

(1)校园物业外围周边、围墙或栅栏等均按照设计要求全部完工;

(2)房屋外墙贴面、公共楼道、电梯厅贴面和吊顶无脱落伤人危险;

(3)泳池或水景等场所水中灯具须采用安全电压和安全设备,周边区域的照明、插座应配备漏电保护装置;

(4)如有返修、临时维修施工在承接查验区内情况,须设有能防止导致人身或财产伤害的隐患分隔和防护设施;

(5)室外须设有消防通道且确保畅通,没有堵塞;

(6)室外地面各类管井井盖须安装完毕;

(7)校园物业项目所有重要设备机房、设备间、竖井间,能上锁。

4.工具及相关物资见表3-11。

工具及相关物资　　　　　　　　表3-11

序号	物资(工具)名称	配备数量	使用用途
1	对讲机		查验过程中便于联络
2	两极插头		测试电源插座
3	三级插头		测试电源插座
4	胶管		建议20米/根,用于引水试验地漏
5	水桶		用于提水试验地漏
6	打压机		给水排水系统加压测试
7	查验记录表		现场记录查验结果
8	线号笔		校验电表
9	签字笔		书写查验记录
10	可写胶布/口取纸		贴钥匙房号
11	板夹		便于现场填写查验记录
12	A4复写纸		复写查验记录
13	工具		查验现场使用
14	工具包		便于查验物品携带

续表

序号	物资（工具）名称	配备数量	使用用途
15	安全帽		查验现场安全防护
16	小锤		检查空鼓
17	彩色记号笔（水性）		标注查验出的质量缺陷位置、部分
18	便携记录本		实时记录查验过程中的相关工作
19	便笺		粘贴、标注电表开关
20	灯头		试电
21	电笔		验电
22	手电		昏暗区域照明
23	验电器		实验电源插座
24	15A转10A转换插头		测试专用插座
25	胶带及细沙		用于闭水试验
26	钢筋（1.2米）		测试地面或墙面空鼓

3.3.6 资料的移交验收

1. 校园物业技术数据资料的查验内容

（1）校园物业开展承接查验前，学校应提供与物业管理有关的各类技术资料和竣工资料，分类立卷。

（2）在校园物业承接查验完成后移交物业公司归档保存。

（3）若校园物业在承接查验时未完成全部竣工图及竣工资料，学校或建设、施工单位提供最终的施工图，并附详细的设计修改说明，校园物业的竣工图及竣工资料最迟在校园物业免费保修期（质保期）记期日6个月内完成移交。

2. 土建、装修类

（1）建筑、装修及绿化等设计说明。

（2）总平面图、建筑和结构图。

（3）装修图（资料应包括所有屋面、地面、墙面、门窗、幕墙等材料表）。

（4）校园物业项目所在城市质检、规划、消防、环卫、园林绿化、城市管理、建委等政府职能部门的审批、验收资料以及与承接查验项目有关的基础建设资料。

（5）校园物业建筑施工涉及土建、装修、建材、五金等供应商资料及厂商数据信息。

（6）校园物业项目面积测量、沉降测试、闭水试验、防水测试等测试、试验合格报告以及项目隐蔽工程验收报告等。

3. 弱电系统

（1）各弱电系统的操作和维护保养手册（包含但不限于：楼宇自动控制系统、消防自动报警系统、防盗监控系统、卫星电视系统、电话及网络综合布线系统、背景音响系统、停车管理系统等）。

（2）各类弱电系统图、平面图。

（3）弱电系统设备明细表、设备档案技术资料、承包商资料信息及产品合格证等。

（4）校园物业所在城市消防、安监、技监、音像、有线电视、电话局等政府职能部门的验收合格证明、报告或审批资料等。

（5）弱电系统设备原理图、计算机软件程序和说明等资料。

4. 电气系统

（1）高压、低压和变配电设备操作及维护保养手册。

（2）所有电气系统图、平面图、隐蔽工程验收数据及说明。

（3）电气系统设备明细表、设备档案技术资料、承包商资料信息及产品合格证等。

（4）供电局验收报告。

（5）各种用电设备调试、测试报告。

（6）避雷装置系统图、平面图、测试报告以及防雷系统验收报告。

5. 给水排水系统

（1）消防喷淋、消防栓箱系统操作及维护保养手册。

（2）消防水系统、给水系统、排水系统图、平面图及电气控制图。

（3）消防喷淋、消防栓箱、给水排水系统设备明细表、设备档案技术资料、承包商资料信息及产品合格证等。

（4）校园物业所在城市消防、卫生防疫、自来水、城市排水、水质检测等政府职能部门的验收合格证明、报告或审批资料等。

（5）消防水系统试压、调试及检测报告。

（6）污水处理系统竣工图、卫生防疫机构验收批文。

（7）水箱、蓄水池及开水器水质检测报告等。

6. 空调系统（供冷、供热）

（1）空调系统、送排风系统操作和维护保养手册。

（2）空调、送排风系统图、平面图及电气控制图。

（3）空调机组（热泵机组）、新风机组、热交换器及风机盘管等设备明细表、设备档案技术资料、承包商资料信息及产品合格证等。

（4）校园物业所在城市政府职能部门出具与空调系统有关的验收合格证明、报告或审批资料等。

（5）空调系统/设备试压、调试及检测报告等资料。

7. 动力设备

（1）锅炉、应急发电机和电梯等设备操作和维护保养手册。

（2）锅炉房、热力站、应急发电机房平面图，煤气调压站平面图和煤气管道线路系统图、平面图等。

（3）校园物业所在城市政府职能部门出具与锅炉系统、热力系统、应急发电系统、燃气系统有关的验收合格证明、报告或审批资料等。

（4）动力设备的调试报告、产品合格证。

（5）煤气管道的试压报告等资料。

8. 电梯系统（包含但不仅限于以下资料）

（1）电梯运营证（建委、质监部门）。

（2）电梯安全使用证（技术监督局）。

（3）电梯技术合格证书。

（4）电梯出厂合格证及产地来源证。

（5）电梯装箱清单。

（6）电梯管理与使用手册。

（7）电梯一般安装标准。

（8）电梯操作说明书。

（9）电梯维护保养手册。

（10）电梯安装图纸。

（11）电梯机械及电气控制图纸。

（12）电梯备品备件清单。

（13）电梯生产安装承包商竣工调试及自查记录。

（14）电梯应急维修电话。

（15）电梯供货商、安装单位联系人、电话、传真或其他联系信息。

3.3.7 校园物业设备操作和维护保养资料查验

1. 系统操作

（1）各系统正常运行程序及突发紧急情况时的应急程序。

（2）详尽介绍每个独立系统如何调节、控制、监视及调校。

（3）说明系统内所有的管道和接线图，主要设备和部件的规格及功能。

（4）提出每个系统的可调节部件和保护装置的最初调校参数，并预留一定的空位以便加插最后调定的参数。

（5）系统中有关供电、配电屏和控制屏的详细说明。

2. 设备操作

（1）设备正常启闭程序和出现异常情况时紧急停机程序。

（2）详尽介绍每台独立设备如何调节、控制、监视及调校。

（3）所有设备的原厂所发的随机文件、图纸数据，包括每块电路板的电路图，以及所有电子组件的布置图，如有需要，还需接收部件分解图，以显示各部件的位置。

（4）列出所有设备的生产制造厂商、型号、系列编号、经调试运行后的设定参数。

（5）所有设备的产品说明书、合格证书、生产厂商测试报告以及设备性能指标等数据资料。

3. 设备/系统维护保养

（1）所有设备/系统检查手册。

（2）设备更换部件的程序和要求。

（3）从整个系统到设备的维修保养说明，调校的操作程序和排查故障、隐患的方法。

（4）执行运作和维护保养程序时应特别注意的事项。

（5）常见故障的处理和解决方法。

（6）提出设备/系统保养制度，说明主要设备的日、周、月、季度、半年、1年及3～5年需记录和维护保养的内容和方法。

4. 安全保险

（1）各类设备的保护操作程序。

（2）对各系统操作时可能发生的事故危险应做的预防、应变和保护措施说明（设备操作突发事件现场应急处置措施），具体为：电气事故保护；机械事故保护；火灾和爆炸事故保护；化学事故保护；燃料及化学品事故保护；急救和事故报告等。

5. 设备或系统采用计算机软件

（1）软件操作流程图、数据表和程序说明。

（2）特殊软件和工具的使用说明。

（3）程序设计和系统使用手册。

（4）设备操作应用的基本软件、专用工具和通用软件数据。

6. 已入驻校园物业的学校资料

（1）单位名称。

（2）证照。

（3）详细信息（楼层、面积、位置、联系电话等）。

（4）建议此部分资料由承接查验单位客服部或客服中心接收。

7. 办理资料移交手续应注意事项

（1）物业共用部位、共用设施设备的使用现状作出评价，真实客观地反映房屋、设施设备的完损程度。

（2）各类管理资产和各项费用应办理移交，对未结清的费用（例如，学校拖欠的物业费及对应支付的费用等），应明确收取、支付方式。

（3）确认原有物业公司退出或留下人员名单。

（4）提出遗留问题的处理方案。

（5）签订物业承接查验协议。

第4章

校园综合设施管理

校园综合设施管理复杂度高、专业性强，要求负责这项工作的物业服务人员具有较强的专业性。因此，明确校园综合设施管理的相关规范，提升有关物业服务人员的专业化水平是有必要的。本章给出了房屋本体、电梯系统、空调系统、变配电系统、给水排水系统等综合设施的管理规范，为物业服务人员管理校园综合设施提供帮助。

4.1 物业公司对寄宿类学校校园综合设施管理的认知

4.1.1 管理的特点

校园设施管理倡导以学生为本的理念，与传统的校园后勤管理及物业管理等具有显著的不同，设施管理者需要具备服务手段、专业技术、学生沟通、需求洞察及领导能力，理解学校愿景、宗旨、文化和战略，才能够对学生各个层面的相关需求做出有效决策，并实现与学校教育目标相一致的满意结果。

设施管理不同于项目管理的一次性活动；它更多偏向于持续性的、重复性的任务，是实现学生学习、工作与生活顺利进行的重要一环。服务对象涉及面广，既包含传统的设施管理、秩序管理、环境管理等基础性服务，又包括餐饮设施服务、公寓设施服务，也包括校园安全事件风险管控。

设施管理突出组织中人、设施、资源和环境的整合，它是一项管理岗位，涉及组织战略、经济、技术、环境、合同、法律、人文等跨学科、综合性专业领域和理论知识。设施管理经理人需要协调物业公司内部各业务部门、外部供应商团队、学校等相互关系，对其执业素质、综合能力具有非常高的要求。

4.1.2 管理的价值

（1）提供和保持高品质的校园工作、学习、生活空间。物业公司设施管理部门通过提供的安全、环保、健康和人性化的校园空间，最大限度帮助教师提高工作效率，帮助学生提高学习效率，帮助学生提高生活舒适度。

（2）降低校园物业服务全生命周期运行成本。寄宿类学校是学生工作、学习、生活的综合体，其规模比走读式学校要大，建筑物数量更多，校园往往采取封闭式管理模式，如何充分利用好现有存量建筑资产，合理配置有限的资源，提高运行效率，从全生命周期角度发挥设施管理的最佳经济效益，显得非常重要。

（3）保证突发事件下校园日常运营的持续性。一些重大的突发性社会事件，例如，地震、火灾、大风、暴雨，或者停电、停水、停暖等，不仅对人员伤亡和财产造成一定的损失，可能还会引起学生工作、学习、生活过程的中断，造成较大的社会影响。如何在突发事件发生的情况下运用物业专业手段/方法管理的理念，保证校园日常运营的连续，及时应对和处理，也是物业公司设施管理部门需要面对的一个非常重要的问题和新的挑战。

（4）设施管理要求采用系统理论和方法，达到设施全生命期经营费用与使用效率的最优结合，在保证校园资产保值增值的基础上，为校园学生带来更多的工作和生活的便利。

4.1.3 管理的要点

校园设施的状态不仅与校园人员的人身安全和财产安全有关，还关系到整个校园及其周边的氛围是否和谐。校园综合设施管理要点的任务和范围取决于学校和学生的需求。从"服务助力学生成长"的理念出发，以为校园学生带来工作和生活上的便利作为核心，校园综合设施的管理应注意以下三个要点：

1. 校园综合设施风险管控

学校基础设施的完善对学生的成绩具有积极影响，而校园设施风险对学校正常秩序、校园学生身心安全以及学生的成绩均有负面的影响。因此，加强校园综合设施风险管控，提升校园综合设施安全风控能力是减缓校园安全事故不良后果的重要工作。

2. 校园房屋本体维护

校园房屋是学生工作、学习和生活的重要场所，校园房屋本体的健康状况关系着学生的人身安全和学校的教学质量。通过加强校园房屋的本体维护，保障房屋住用安全，保持和提高房屋的完好程度与使用功能，能让学生在安全舒适的环境下进行工作和学习，取得更为优异的成绩。

3. 校园设施设备维护

校园设施设备的维护主要包括变配电设备的维护、给水排水系统的维护、电梯的维护和空调系统的维护等，校园设施设备的有效运行是学生正常工作、学习和生活的重要保障。

4.2 校园综合设施风险控制管理规范

4.2.1 危险源辨识

1. 危险源辨识与评价时机

（1）新的作业活动前，要做好危险源的辨识与评价。

（2）在相关法律法规变更，各专业的活动和服务以及相关方的要求等情况发生变化时，可适时进行危险源的辨识与评价。

2.识别危险源的重点

（1）人的不安全行为因素：忽视安全、忽视警告，安全知识缺乏，安全技能不足，工作不认真，操作不规范，使用不安全设备，忽视使用个人防护用品用具，人的生理和心理处于不良状态等由人的不安全行为造成的危险源及其风险。

（2）物的不安全因素：包括设施设备、工具本身有缺陷；设施设备、工具的防护、保险、信号等装置缺乏或有缺陷；防护不当；场地环境不良等造成的危险源及其风险。

（3）作业环境因素：包括作业区域内粉尘、噪声、有毒有害物质、温度、湿度、照明、通风等不良作业条件造成的危险源及其风险。

（4）管理缺陷因素：对物（含作业环境）性能控制的缺陷（设计、监测失误）；对人失误控制方面的缺陷（教育、培训、指示、记录不完善、记录有误、雇佣选择和行为监测方面的缺陷）；作业过程的缺陷（例如，无作业指导程序或作业指导程序有错误）；用人单位的缺陷（例如，人事安排不合理，负荷超限、禁忌作业等）；对来自相关方（供应商、顾客等）的风险管理的缺陷（例如，合同签订、采购等活动中忽略了安全健康方面的要求）；违反安全人机工程原理（例如，使用机器不适合人的生理或心理特点）等造成的危险源及其风险。

3.危险源辨识实施

（1）工程管理部组织各部门进行专业培训，以保证开展危险源辨识和风险评价人员的能力，并将《危险源辨识及风险评价表》发放进行危险源辨识与评价。

（2）工程管理部成立危险源辨识评价小组，首先辨识出从事的所有可能导致伤害的危险源的活动，包括设施设备的大中修及改造活动、抢修施工活动、非常规活动、检维修及保养活动等。按服务或作业流程各阶段、区域、设施设备划分方法确定评价对象，编制作业活动清单。从作业活动（包括发生在部门区域内的一切活动）、服务、运行条件中找出危险源，填写《危险源辨识及风险评价表》。

4.2.2 风险控制

1.风险控制策划

（1）管理方案控制：中高风险特别是高风险，应优先考虑制定职业健康安全目标和管理方案，以降低风险。

（2）运行控制：对中度以上风险，应制定运行控制程序或安全操作规程（作业指导书)等。

(3)应急控制:对于潜在的紧急情况特别是高风险,应制定应急准备和响应控制程序。

(4)教育培训:存在中度以上风险的岗位员工接受必要的安全教育培训(内容包括岗位危险源、风险、风险控制措施和应急程序等),经考试合格后方能上岗操作。

(5)监视与测量:学校管理过程中,应定期针对中高度危险源的控制情况,并进行必要的监视和测量。

(6)其他控制措施

2. 中高度危险源的监控

对于工程管理部确定的重大危险源的风险控制计划,工程管理部经理负责开展实施和监控。

4.2.3 危险源更新

1)更新情况包括:

(1)与工程管理部职业健康安全管理有关的法律法规及其他要求发生较大变更时。

(2)相关方的要求等情况发生变化时。

(3)新增设的服务项目时。

(4)在设定第二年的职业健康安全目标时。

(5)工程管理部活动、服务、运行条件,例如,接收新物业、设施发生技术改造、设备更新、原材料变化时。

(6)技术改造项目在试运行前。

(7)遇到紧急、特殊情况或发生事故后。

2)发生以上情况时,工程管理部应及时组织相关专业人员对危险源进行补充辨识、评价,以便重新确定中高风险的危险源并进行危险源控制辨识。

4.3 校园房屋维修、养护规范

4.3.1 职责与权限

1. 工程经理

(1)制定房屋维修维护项目工程的检查、验收及相关管理制度,经审批后组织落实。

（2）负责房屋维修维护工程项目的质量、安全监督，发现问题并及时处理。

（3）负责房屋维修维护工程项目的验收，针对不合格项制定纠正措施或预防措施，并组织实施与验证，按期实施整改。

（4）参与设计房屋的重大改造工程，提出与工程匹配的可行方案，监督施工。

2.工程主管

（1）具体负责组织安排房屋的维修、养护工作。

（2）定期组织对房屋进行全面检查，对维修施工过程中出现的问题进行处理，排除疑难故障。

（3）负责与维修维护相关方的具体对接、回访及档案资料的管理。

3.维修工

（1）具体负责实施房屋的维修养护计划及设备的临时维修工作。

（2）做好设备维修器材及相关备件的管理工作。

4.3.2 房屋完损等级的评定

1.房屋完损等级评定的要求

（1）依照《房屋完损等级评定标准（试行）》对整幢房屋进行综合评定。

（2）以实际完损程度为依据评定，而不以建造年代或原始设计标准高低为依据。

（3）掌握好评定等级的决定因素，以结构部分的地基基础、承重构件屋面中最低的完损标准来评定。

（4）严格掌握完好房标准和危险房标准。

（5）对重要房屋评定等级严格复核测试。

（6）对正在施工的房屋要求进行施工前房屋评定。

2.房屋完损等级评定的基本做法

（1）定期评定。每隔1～3年（或按当地规定）对所管房屋进行一次全面的逐幢完损等级的评定。

（2）不定期评定。不定期在某个时间内对房屋进行检查评定完损等级，主要包括：根据气象特征，雨季、暴风雨等，着重对危险房屋、严重损坏或一般损坏房等进行检查评定完损等级；房屋经过中修、大修、翻修和综合维修竣工验收以后，重新评定完损等级。

3.危险房屋的评定与解决方法

（1）制定划分危险房的标准。根据房屋构件损坏大小、变形和损坏程度以及对周围环境和整个房屋危险程度而定。分为整幢危房、局部危房和危险点。

（2）建立危险房屋鉴定机构，组织鉴定。

（3）确定解危办法，并监督检查排险情况。

4.3.3 房屋维修施工管理

1.房屋维修施工管理的基本内容

（1）落实房屋维修任务，编制房屋维修计划、维修设计方案和施工组织设计。

（2）做好维修工程开工前的准备工作，包括学生临时迁移工作，确保水、电路通，并安排好材料堆放、安置场地，确定施工方案等。

（3）制定合理的材料消耗定额和技术革新措施，在施工过程中进行材料和技术管理工作。

（4）大、中修和翻新工程应编制施工组织设计，组织均衡流水主体交叉施工，并对施工过程进行严格质量控制管理和全面协调衔接。

（5）加强对房屋维修现场的平面管理，合理利用空间。

2.房屋修缮管理的程序和方法

（1）制定房屋修缮设计方案。以房屋勘察鉴定为依据充分听取学校意见，维修方案应由具有设计资质证书的单位承担。

（2）落实房屋维修施工任务。根据物业管理企业的年度维修计划和月度、季度施工作业计划落实实施工作任务。

（3）施工组织与准备。根据工程量大小和工程难易等具体情况，分别对大型维修工程编制施工组织设计，对一般维修工程应编制施工方案，对小型维修工程应编制施工说明。

（4）维修工程施工过程管理。应根据上月完成进度制定下月维修施工计划。一般月末编制一次，月中平衡调整。维修施工中的过程管理包括但不限于：维修施工技术管理；维修施工质量和安全管理；维修施工的机械设备管理。

（5）维修工程竣工验收管理。房屋维修工程交验条件是按照维修设计方案全部完成各项维修工程内容，应做到水、电路通和供暖通风恢复正常，竣工图和施工技术资料齐全。物业管理企业对维修工程质量检验评定，应进入施工现场，采用多种检测手段和科学方法对维修工程质量检验评定。

3.房屋维修标准

（1）木门窗及装修工程：木门窗应开关灵活、不松动、不透风；木装修应牢固、平整、美观。接缝严密，一等房屋的木装修应尽量做到原样修复。

（2）楼地面工程：楼地面工程的维修应牢固、安全、平整、不起砂，拼缝严密而不闪动，不空鼓开裂，以及地坪无倒泛水现象。

（3）屋面工程：屋面工程确保安全，不渗漏，排水畅通。

（4）抹灰工程：抹灰工程应接缝平整、不开裂、不起泡、不松动、不剥落。

（5）油漆粉饰工程：油漆粉饰工程要求不起壳、不剥落，色泽均匀，尽可能保持与原色一致。对木构件和各类铁构件应进行周期性油漆保养。各种油漆和内、外墙涂料，以及地面涂料，均需保养，应制定养护周期，达到延长方式使用年限目的。

（6）水、电、卫、暖等设备工程：房屋的附属设备均应保持完好，保证运行安全，正常使用。电气线路、电缆、安全保险装置及锅炉等应定期检查，严格按照有关安全规程定期保养。对房屋内部电气线路破损老化严重、绝缘性能降低的，应及时更换线路。当线路发生漏电现象时，应及时查清漏电部位及原因，进行修复或更换线路。对供水、供暖管线应作保温处理，并定期进行检查维修。水箱定期清洗。

（7）金属构件：金属构件应保持牢固、安全、不锈蚀，损坏严重的应更换，无保留价值的应拆除。

（8）其他工程：物业企业管理的庭院，原有院墙、院墙大门、院落内道路、沟渠下水道损坏或堵塞的，应修复或疏通。

（9）房屋养护：房屋养护工作包含的内容有房屋零星损坏日常修理、季节性预防保养以及房屋的正确使用维修管理等工作。分为房屋小修养护、房屋计划养护和房屋季节性养护三个类型。

①房屋小修养护

a.木门窗维修及少量新作；支顶加固；木屋架加固；木桁条加固及少量拆换；木隔断、木龙骨、木顶棚、木楼梯、木栏杆的维修及局部新作；细木装修的加固及局部拆换；装配五金等。

b.给水管道的少量拆换；水管的防冻保暖；废水、排污管道的保养、维修、疏通及少量拆换；阀门、水嘴、抽水马桶及其零配件的整修、拆换；脸盆、便器、浴缸、菜池的修补拆换；屋顶压力水箱的清污、修理等。

c.瓦屋面清扫补漏及局部换瓦；墙体局部挖补；墙面局部粉刷；平屋面装修补缝；油毡顶斜沟的修补及局部翻做；屋脊、泛水、檐沟的整修；拆换及新作少量天窗；顶棚、椽档、雨篷、墙裙、踢脚线的修补或刷浆；普通水泥地的修补及局部新作；室外排水管道疏通及少量更换；明沟、散水坡的养护和清理；井盖、井圈的修配；雨水井的清理；化粪池的清理等。

d.楼地板、隔断、顶棚、墙面维修后的补刷油漆及少量新作;维修后的门窗补刷油漆、装配玻璃及少量门窗的新做油漆;楼地面、墙面刷涂料等。

e.白铁、玻璃钢屋面的检修及局部拆换;钢门窗整修;白铁或玻璃钢檐沟、天沟、斜沟的整修,加固及少量拆换。

f.电线、开关、灯头的修换;线路故障的排除、维修及少量拆换;配电箱、盘、板的修理,安装;电表与电分表的拆换及新装等。

②房屋计划养护

房屋的结构、部件等均有一定的使用期限,超过这一期限,房屋的结构、部件就容易出现问题。计划养护任务一般要安排在报修任务不多的淡季。如果报修任务较多,要先保证完成报修任务,然后再安排计划养护任务。

③房屋季节性养护

季节和气候的变化会给房屋的使用带来影响,房屋养护应注意与房屋建筑的结构种类及其外界条件相适应。砖石结构的防潮,木结构的防腐、防潮、防蚁,钢结构的防锈等养护,应结合具体情况进行。

4.3.4 房屋维修日常养护的程序

1.维修保养项目收集

(1)日常养护的维修保养项目主要通过以下渠道收集:管理人员巡查。主动收集学生对房屋维修的具体要求,发现学生尚未提出或忽略的房屋险情及公用部位的损坏部位,应建立走访查房手册(图4-1)。

图4-1 管理人员巡查

(2)物业公司主要通过设立报修接待中心/学生服务中心、组织咨询活动、设置报修程序等途径接收学生报修。

2.编制维修工程计划

(1)物业公司通过管理人员巡查和接待报修等方式收集到维修工程服务项目

后，应分轻重缓急和维修人员情况，做出维修安排。对室内照明、给水排污等部位发生的故障及房屋险情等影响正常使用的维修，物业公司应及时安排组织人力抢修。暂不影响正常使用的小修项目，均由物业服务人员统一收集，物业公司应编制养护计划表，进行维修。

（2）涉及超出工程管理部门维修能力范围的维修项目，例如，中修工程、大修工程，宜委托有资质的相关方完成维修工程项目。

3.落实维修工程任务

（1）物业服务人员根据急修项目和维修养护计划，开列维修单。

（2）物业维修养护工程凭单领取材料，并根据维修单上的工程地点以及项目内容进行维修施工（图4-2）。

图4-2　维修施工

（3）对施工中发现的房屋险情维修人员可先行处理，然后再由开列维修单的物业服务人员变更或追加工程项目手续。

4.监督检查维修养护工程

在维修养护工程施工中，管理员应每天到维修工程现场解决工程中出现的问题，监督检查当天维修工程完成情况（图4-3）。

图4-3　监督检查

4.3.5 房屋维修工程考核指标

1. 房屋完好率

(1) 房屋完好率是完好房屋的建筑面积加上基本完好房屋的建筑面积之和,占总的房屋建筑面积的百分比。

(2) 一般要求房屋完好率达到50%~60%(新房屋除外)。

(3) 计算公式为:房屋完好率=[(完好房屋建筑面积+基本完好房屋建筑面积)/总的房屋建筑面积]×100%。

2. 大、中修工程质量合格(优良)品率

(1) 大、中修工程质量合格(优良)品率是指报告期经评定达到合格(或优良)品标准的大、中修单位工程数量(建筑面积表示)之和,与报告期验收鉴定的单位工程数量之和的百分比。

(2) 一般要求大、中修工程质量合格品率达到100%,优良品率达到30%~50%。

(3) 计算公式为:大、中修工程质量合格(优良)品=[报告期合格(优良)品建筑面积之和/报告期验收鉴定建筑面积]×100%

4.4 房屋本体维护管理规范

4.4.1 职责与权限

1. 经理

负责审批房屋本体维修保养、大修改造计划。

2. 主管

(1) 负责房屋本体维护的日常房屋本体维修养护计划的制定与组织实施。

(2) 编制房屋本体维修保养和大修改造项目计划书并组织实施。

3. 维修工

(1) 负责房屋本体日常维修及定期维修项目计划的具体实施。

(2) 参与外委单位的审定,对房屋本体维修、改造进行业务指导。

4.4.2 房屋承重及抗震结构部位

1. 日常维修的计划与实施

(1) 宜每半年巡查一次,发现问题立即处理(图4-4)。

图4-4 楼内日常巡检

（2）由于使用不当造成结构局部受损较轻的，由工程部维修班组实施维修；受损较重的，上报工程部经理，由专业工程管理人员"会诊"，出具方案，委托专业公司实施。

（3）更改建筑用途或格局的，应提供规划、消防等行政主管部门出具的许可证；搭建室外建筑物或构筑物、改变外立面的，需提供城市规划行政主管部门的许可证，并经学校同意后方可施行。

2. 定期维护的计划与实施

每年对房屋基础进行一次检查，防止虫害和腐蚀性液体的侵害。

3. 房屋承重及抗震结构部位维修维护标准

房屋承重及抗震结构部位应安全牢固、正常使用、功能性完好。

4.4.3 外墙面

1. 日常维修的计划与实施

每月检查一遍，发现问题，及时维修。

2. 定期维护的计划与实施

（1）宜每年对外墙面（石材、玻璃幕墙、外墙玻璃）清洗一次，宜每三年对较大面积渗漏及损坏、维修无效的，进行局部翻新。

（2）每年对外墙面使用热成像仪检查外墙的空鼓、渗漏。

3. 外墙面维修维护标准

（1）无破损，无起鼓，无渗水，角线平直，整洁，无污渍，锈迹。

（2）外墙面、建材外观完好、整洁。外墙贴面建材无脱落、无裂痕；外玻璃幕墙清洁明亮、无破损；外墙涂料单块无大面积（0.5平方米以上）脱落和污渍，无明显影响外部观感；外墙无纸张乱贴、乱涂、乱画和乱悬挂现象。

（3）建筑年限在三年以上、本体结构已出现老化迹象、未吊顶的屋面、檐等物业和高层墙体，应建立定期检查制度，对空、鼓、裂等应及时修缮。

4.4.4 公共屋面

1.日常维修的计划与实施

公共屋面每月巡视应不少于1次，发现问题及时解决。

2.定期维护的计划与实施

每年全面修补隔热层1次；每年粉刷避雷网1遍；每年对屋面防水检修1遍，每五年翻新老化部分；每半年疏通雨水管1次。

3.公共屋面维修维护标准

（1）屋面无积水，无渗漏，整齐，清洁；隔热层完好无损，避雷系统完好，水箱水质清洁，无污染，设施设备完好无损。

（2）楼道及公共部位地面、墙面及屋面整洁、统一，无脱落渗漏现象。

（3）屋面排水通畅，每年开春解冻后、雨季来临前、每次大雨后、入冬结冻前，均需进行屋面防水情况的检查并记录和统计；每年春季开冻后，应对屋面进行一次清扫。

4.4.5 公用照明

1.日常维修的计划与实施

每周检查1次，发现问题，及时解决。

2.定期维护的计划与实施

每月检修1次线路，更换老化线路。每日检查灯具，发现损坏及时更换。

3.公用照明维修养护标准

线路无乱搭接、无老化，灯具正常有效使用；开关箱体完好、无缺损。

4.4.6 本体消防设施

1.日常维修的计划与实施

每月检查1次，发现问题，及时解决。

2.定期维护的计划与实施

（1）每季度由消防维保单位对校园楼内烟感进行抽查，保证全年全覆盖；每年对消防疏散标识进行1次维护；每半年消防带晾晒1次；每季度定期检查消防栓、出现异常及时报修。

（2）工程管理部门维修组会同消防管理部门负责组织实施。

3. 本体消防设施维修维护标准

设施完好率100%，箱体完好，标示清楚；设施能有效使用；报警系统灵敏有效。

4.4.7 公共区域

1. 日常维修的计划与实施

（1）宜每日检查一次，发现问题，及时处理。

（2）工程管理部门维修组协同客服负责组织实施。

2. 公共通道、门厅、楼梯、大堂维修维护标准

墙体、地面、窗户、顶棚完好无缺损；室内设施齐全、完好、无缺损；整洁无尘，无霉迹，无违章，无乱堆放。

4.4.8 上、下水管道

1. 定期维护的计划与实施

每年粉刷管道1次；每年检修1次，并对管道进行加固；每月检查1次雨水口，更换不合格部分；天气预报大雨预警时应检查雨水下水口。

2. 上、下水管道维修维护标准

上、下水畅通，无渗漏、无堵塞；美观、无污渍、无锈蚀；无违章私接、私断管道（图4-5）。

图4-5　上、下水管道巡视

4.4.9 冷气管道、通信线路、顶棚

1. 日常维修的计划与实施

宜每月检查1次，发现问题，及时处理。

2. 定期维护的计划与实施、标准

每年对冷、暖气管道进行一次全面维护；每年对顶棚进行一次全面维护；每

年对通信线路进行一次全面检修。

3.冷气管道、通信线路、顶棚维修维护标准

完好无破损,无开裂;线路通畅,使用正常(图4-6)。

图4-6 线路终端巡查

4.4.10 房屋主体常见问题及维修工艺流程

1.墙体勒脚破损或严重腐蚀剥落

(1)将破损松散部位凿除至结实层或对风化、起壳、松酥的部分清除。

(2)用1:3水泥砂浆修复勒脚破损部位,并在勒脚上口做成斜坡,以利泄水。

(3)恢复勒脚饰面。

2.基础墙体出现裂缝或产生不均匀沉降

(1)如不严重,应做好巡查和记录。

(2)如有扩展趋势,应立即通知管理处派专业技术人员检查鉴定。

(3)如情况较严重,应立即通知管理处派专业技术人员检查鉴定。

3.梁、柱、板主体露筋

(1)将露筋部位的松散层凿除,并将钢筋锈蚀层用砂纸打磨掉。

(2)用钢丝刷清洁干净。

(3)充分喷水湿润后均匀地刷素水泥浆层。

(4)用高标号水泥砂浆修复,如有需要按要求恢复饰面。

4.梁、柱、板主体有孔、洞

(1)将孔、洞周边已疏松的混凝土凿除,并用砂纸将露筋上的铁锈磨掉。

(2)用钢丝刷等有效工具彻底清洁孔、洞。

(3)充分喷水湿润孔、洞内壁。

(4)如果孔、洞小,则先涂刷一层素水泥浆,然后用高标号水泥砂浆嵌填、压平、抹光;如果孔、洞大,则在涂刷完一道素水泥浆后,用比原先(梁、或柱、或

板)的标号高一等级的细石混凝土嵌填饱满,并养护好。

5. 深层损坏

当结构部件的损坏深度已超过了混凝土保护层时,钢筋混凝土内的钢筋暴露在空气中引起锈蚀,影响构件的强度和结构使用的可靠性。可采用环氧混凝土或较原混凝土高一个强度等级的细石混凝土修补、嵌填、喷注混凝土结构部件的蜂窝、孔洞和破损部位,对其予以修复。

6. 锈蚀

钢筋锈蚀尚不严重时,混凝土表面仅有细小裂缝,或者个别破损较小,可对裂缝或破损处的混凝土保护层进行修补。若钢筋锈蚀严重,混凝土破裂,保护层剥离较多时,可采取焊接或加钢筋网加固补强。

7. 加固

当钢筋混凝土梁、板、柱承载力不足或经鉴定成为危险构件时,应聘请具备资质的专业公司,通过对构件或结构的变形、损坏程度的检查和观测,对使用状态和周围环境的调查,以及对有关资料的验算、分析,采取增加板厚、配筋和增加支承点等方法,提高原构件强度,实现钢筋混凝土结构的加固目的。

8. 养护

(1)对混凝土结构的变形缝、预埋件、给水排水设施等的使用情况,进行定期检查。发现腐蚀、渗漏、开裂和垃圾杂物等情况即时处理。对在混凝土结构上任意开凿孔洞的违章行为及时予以制止。对易受碰损的混凝土处,例如,建筑物的拐角、车库的混凝土柱等增设必要的防护措施。

(2)即时修补钢筋的混凝土保护层损坏部位,以防钢筋锈蚀。若房屋室内环境中存在侵蚀性介质或相对湿度较大时,可以采取加强通风的措施,并在构件表面涂抹耐腐蚀层(例如,沥青漆、过氧乙烯漆、环氧树脂涂料等)进行防护。

(3)做好建筑物屋面隔热层、保温层、室外排水设施以及地基基础等维护工作,发现问题及时处理,避免和减小由此对结构带来的不利影响。

(4)房屋的使用应满足设计要求,提醒学生不随意改变房屋用途和改变房屋结构,严禁超载使用。

9. 墙体

墙体结构的维修适用于砌体受腐蚀后,表面保护性抹灰层损坏和砌体材料表面破坏、腐蚀,以及尚未威胁安全的沉降裂缝和温度裂缝的处理等。砌体的维护修理应在结构不均匀沉降已经稳定,裂缝不再发展时进行(如果地基基础沉降还在发展时,一般先做地基、基础加固处理,后做砌体裂缝等的维修)。

4.5 房屋巡检规范

4.5.1 职责与权限

1. 主管或领班

（1）负责对巡检记录的完整性和准确性进行检查。

（2）负责对巡检人员开展规范和流程培训。

（3）负责对巡检发现问题整改进度的督促与跟进。

（4）负责对巡检人员开展工作考核。

2. 巡检人员

（1）负责按规范开展巡检工作。

（2）负责巡检工作交接的详细记录。

（3）负责协助主管或领班对巡检发现问题进行整改。

4.5.2 巡检周期

（1）房屋区域内的日常巡视应采取定时巡视与不定时巡视相结合方式进行。

（2）定期巡视为减少人工重复消耗，应结合日常安全类巡视同步开展，频次由各项目结合实际情况进行。节假日及夜间应结合实际情况开展不定期巡视。

（3）施工区域内的巡视应确保至少作业前、作业中、作业关闭各不低于一次，特种作业应按要求进行旁站式安全监管。

4.5.3 巡检工具管理

1）应明确管理人，建立巡检工具清单，明确清单内容。清单内容包括但不限于：

（1）品牌；

（2）规格型号；

（3）数量；

（4）存放位置。

2）定期开展巡检工具的检查及清点。

3）应建立完整、有效的操作规程，并定期开展培训，使其掌握正确的使用方法及安全注意事项等内容。

4）应定期维护保养，保证工具的正常使用。

4.5.4 巡检工具的存放与领用

（1）应存放在干燥、避风处，以防止锈蚀，并保证摆放整齐，便于取用。

（2）应指定管理人对工具进行分类登记，并建立档案台账，档案中应体现工具的定期保养频次、保养周期等信息，并做好维护保养记录。

4.5.5 巡检工具的使用

（1）巡检工具的使用，应参照使用说明书及操作规程使用，并开展专业技能的培训及考核，合格后方可上岗使用工具，并注意安全使用事项。

（2）巡检工具在使用前，应由管理人检查是否存在故障，外表有无破损，线路是否完好等，严禁工具带伤作业。

（3）未按操作规程对使用工具，造成的故障和报废或其他安全事故，应对责任人予以相应处罚。

（4）巡检工具使用完毕后，应及时归还入库。

4.5.6 巡检工具的维修与报废

巡检工具出现故障时，应及时上报并维修。

4.5.7 巡检主要内容

（1）房屋区域内照明、目视化标识标牌完好性。

（2）房屋区域内各消防通道、电梯前室有无占用、堵塞。

（3）房屋区域内是否存在非办公人员出入等安全隐患。

（4）房屋区域内各机房、管道井、顶楼等是否按规定上锁管控。

（5）房屋区域内施工现场有无违规违纪现象（图4-7）。

图4-7　房屋区域内巡查

4.6 大中修施工管理规范

4.6.1 职责与权限

（1）工程管理部负责施工方营业执照和施工资质的审查。

（2）工程管理部负责对施工方三级安全教育的考核进行检查。

（3）工程管理部负责对施工人员上岗证的审查。

（4）工程管理部负责对施工现场的组织与管理进行监督检查。

（5）工程管理部负责对施工人员及施工现场进行安全检查与监督。

（6）工程管理部负责督促审核施工方制订三措两案（组织措施、技术措施、安全措施和施工方案、应急预案）。

（7）工程管理部负责施工许可证的办理。

（8）秩序维护部负责对施工现场安全管理工作。

（9）监理公司（如有）负责现场审核施工方制订三措两案（组织措施、技术措施、安全措施和施工方案、应急预案）及施工质量、安全、进度管理工作。

4.6.2 施工管理

1. 施工前准备

（1）项目施工参建单位应设立项目管理机构和确定项目负责人，负责工程项目实施的协调和管理。

（2）建立项目参建单位沟通协调机制，明确各方的职责权限与义务，形成书面文件，建立和保留沟通协调的记录。

（3）对施工单位的资质进行审查，确认符合各项安全要求，（例如，营业执照、资质证书、法人代表资格证书、施工业绩和近3年安全施工记录等合格有效）并签订安全协议。

（4）统计确定作业人员身份、年龄和健康状况，符合相关法律法规的规定上岗条件。

（5）易发生火灾、人身伤害等危险作业的场所，根据各单位制定的作业许可制度实施。

（6）施工单位入场前，需办理进场施工相关手续。

（7）开工前，施工单位负责人和施工单位安全员应对全体作业人员进行全面安全技术交底，说明重点安全措施，落实各作业点安全责任人，在进行高风险作业时应设置专人监控，并有完整的记录或资料。

（8）施工单位在每项工程开工前，应做好施工组织方案，经各单位工程管理部相关人员及施工管理人员签字同意后，方可开工。

（9）在施工项目实施前和实施中，定期或不定期地进行检查，根据检查结果签发书面整改通知，并指导督促其落实，保留检查和整改记录。

2.施工安全管理

（1）施工现场用地周边应设置符合安全规定的实体围挡。因特殊情况不能进行围挡的设置安全警示标识、警示灯，并在工程险要处设置隔离设施。

（2）施工现场围墙外侧设置施工标识牌，施工标识牌标明施工单位、负责人姓名、联系电话、开工和计划竣工日期及施工方资质证明等。

（3）施工现场的临时用电线路、用电设施的安装和使用，应按照施工组织设计要求实施。

（4）施工现场的脚手架采用符合规定的构配件，按照专项安全施工组织设计要求实施。

（5）施工现场的孔、洞、口、沟、坎、井以及建筑物临边，设置围挡、盖板和警示标识，夜间设置警示灯。

（6）施工现场应按照规定采取防治扬尘、噪声、固体废弃物等污染环境的有效措施。

（7）施工方按照规定为施工现场作业人员提供符合安全、卫生标准的生产环境、生活设施、机械设备和安全防护用具、用品等。

（8）清理高处施工垃圾时，应采用容器装运，严禁随意抛撒，施工垃圾应按照规定及时清除。

（9）工程管理部、秩序维护部和监理公司（如有）对施工方现场使用的安全防护用品及机械设备监督检查，发现不合格产品或者技术指标和安全性能不能满足施工安全需要的产品，责令施工方立即停止使用，并清理出施工现场。

（10）登高作业等高风险作业需到秩序维护部签订安全作业协议，并做好各种防护措施，服从统一指挥。

（11）特种作业人员应持证上岗，严格按照国家质量监督检验检疫总局制定《特种设备作业人员监督管理办法》（国家质量监督检验检疫总局令第140号）的有关要求执行。

（12）进入施工现场的人员应戴安全帽，安全帽应符合《头部防护 安全帽GB 2811—2019》的规定。

（13）登高作业的人员应系安全带，安全带应符合《坠落防护 安全带》GB 6095—2021的规定，必要时应附加辅助安全措施安全绳。

（14）施工方在施工现场搬运装卸及使用易燃、易爆、剧毒等物品，应符合《危险化学品安全管理条例》的规定。

（15）施工临时用火、焊接和搭建临时建筑，应严格遵守项目实施单位的安全管理制度，并办理相关审批手续方可进行。施工现场实施动火作业时，施工作业方应派专人看管，作业结束时应检查确认无火灾隐患后方可离开现场。

3. 项目检查与考核

（1）施工单位的项目组或项目负责人负责施工现场安全的日常检查，并对发现的问题督促施工方整改。

（2）施工单位负责组织施工现场安全的定期检查，采用安全通报、会议通报、安全整改通知单等方式对发现的问题提出整改要求，工程管理部负责督促施工方限期完成整改。

（3）秩序维护部对施工现场安全进行监督抽查，并采用安全通报、会议通报、安全整改通知单等方式对发现的问题提出整改要求，工程管理部负责督促施工方按时间按数量完成整改。

（4）施工现场安全检查中发现存在重大安全隐患、施工方安全管理失控或对安全检查中提出的问题不整改落实，秩序维护部和工程管理部均有权停止施工方的作业，并按施工承包合同有关条款进行考核。

4. 员工教育培训

（1）工程管理部/监理工程师（如有）根据现场施工特点，确定现场质量与安全控制程序，开工前与施工单位进行安全交底，组织施工人员对危险性较大分部分项施工内容进行教育培训，明确现场检查的项目内容、方法和频率。

（2）培训方式以班前交底、提示、讲授、讨论和案例分析等多种方式综合运用，培训结束后要对培训内容进行考核，参加培训人员须考试合格。

（3）危险性较大分部分项施工内容贯彻"先培训后上岗"和"培训和考核相结合"的原则。以专业技术培训和岗位技能培训为重点，全方位、多层次、多形式地开展教育培训工作，使专业人员能够熟练掌握危险性较大分部分项施工内容的知识和技能。

5. 作业许可管理

（1）各类危险作业许可实施分类分级管理，实行作业许可审批。同一地点的同一作业项目可能同时涉及多种类别的危险作业情况，应满足每种作业许可的要求。

（2）每次作业前，申请人应对申请的作业进行工作安全分析，作业安全分析的内容应包括工作步骤、存在的风险及危害程度、相应的控制措施等，具体执行《危险源辨识、风险评估及风险控制规定》的有关要求，工程管理部及秩序维护部审批，应对作业内容、风险分析以及安全管理措施、作业及监护人员资质等进行详细审查，经确认后签字。

（3）作业许可经审批后，施工作业单位应在规定的时间确认下列条件均满足后开始作业：有限空间作业、动火作业进行必要的现场作业环境检查及监测并确认正常；施工作业现场危害因素、风险辨识及评价，制定了防范危害因素和消减风险措施；现场各项安全措施均落实到位并告知相关人员；做好施工作业前的各项准备；现场监护人员、安全监督人员确认现场各项安全措施落实和分析结果符合作业要求；施工单位负责人及分包负责人对现场进行全面检查确认，向施工人员进行安全交底；施工影响周边环境及安全的项目，施工单位要做好相关预案。

6.工程质量检验

（1）有监理的作业由监理工程师检验，无监理的作业由工程管理部检验，检验人员应督促施工单位按照质量检验评定标准规定的内容对工程所用原材料质量和各类质量控制指标进行自检，同时检验人员应按照施工监理规范的规定对工程所用原材料质量和各类质量控制指标进行抽检。

（2）检验人员应重点巡视：正在施工的分项、分部工程是否已批准开工；质量检测、安全管理人员是否按规定到岗；特种作业人员是否持证上岗；现场使用的原材料或混合料、外购产品、施工机械设备及采用的施工方法与工艺是否与批准的一致；质量、安全及环保措施是否实施到位；试验检测仪器、设备是否按规定进行了校准；是否按规定进行了施工自检和工序交接。

（3）检验人员在巡视检查过程中，应及时发现并纠正不符合设计要求、规范的问题，同时做好监理记录。

（4）对未经检验人员验收或验收不合格的施工工序，检验人员有权拒绝签认，并严禁施工单位进行下一道工序。

（5）分项工程完工后，施工单位自检合格后上报检验人员审查，检验人员经核查符合要求及时签认，对不合格的项目不予签认，责令施工单位进行整改，整改后重新报检，验收合格后，由检验人员评定工程质量等级。

（6）分部工程完成后，应由检验人员组织施工单位项目负责人和项目技术负责人等进行验收；勘察、设计单位项目负责人和施工单位技术、质量部门负责人应参加地基与基础分部工程的验收；设计单位项目负责人和施工单位技术、质量部门负责人应参加主体结构、节能分部工程的验收。

（7）检验人员检查工程中发现一般的质量问题，应随时通知施工单位及时改正，并做好记录。

（8）建设单位收到工程竣工报告后，应由建设单位项目负责人组织监理、施工、设计、勘察等项目负责人进行单位工程验收。

7. 工程资料编制与归档

（1）检验人员负责收集、检查、分类整理工作，督促施工单位相关岗位人员按相关规范要求编制工程资料。

（2）工程施工资料应与工程建设同步形成，并真实反映施工实施情况和实体质量。工程文件应按照不同的形成、整理单位及建设程序，按工程准备阶段文件、监理文件、施工文件、竣工图、竣工验收文件分别进行立卷。

（3）实行总承包施工或管理的项目，项目部应收集所有分包单位的竣工资料，并对分包单位所提交的竣工资料的完整性和符合性负责。

（4）施工单位对工程竣工资料进行自审后，先提交检验人员审核，工程竣工资料提交审核时，应整理成册，并按单位工程进行组卷，文件材料较多时可以分册装订。

（5）工程资料在整理完后应向建设单位进行移交并归档，工程档案在验收时，应根据《建设工程文件归档规范》（GB/T 50328—2014）检查档案的系统性、专业性和规范性。

（6）工程资料编制应符合法律法规和相关规范的要求，特别是行业、属地档案的管理规定要求，归档的一套工程竣工资料原则上应为原件。

4.7 电梯运行管理规范

4.7.1 电梯机房管理

（1）电梯机房门上应有"机房重地，闲人免进"安全标识，机房门应做到随时上锁，门钥匙应由电梯主管保管。

（2）机房通道应保持畅通，通风良好，照明满足要求，门窗开关灵活，室内温度应保持在5～40℃。

（3）机房应保持干净、整洁，严禁堆放易燃易爆危险品，不准堆放其他物品。

（4）机房灭火器应放在明显位置，应在有效期内。

（5）闲杂人员禁止入内。

（6）未取得特种设备相关证书的人员不得随意动用、操作电梯设备。

（7）由电梯维保单位依据《电梯使用管理与维护保养规则》规定，定期对机房内设施设备维护保养。

（8）每天对电梯机房进行一次巡视检查，发现问题，及时采取相关措施处理。

（9）电梯机房管理制度悬挂在墙上显著位置。

4.7.2 电梯运行管理

（1）严禁无证上岗，电梯主管和维保单位维修人员应经过专业培训，考核合格取得技术监督局颁发的《特种设备作业人员证》。

（2）每周检查各电梯机房控制柜的电器动作、信号显示是否准确，室温是否正常；各电梯的轿厢、层门运行是否良好，外呼、内旋动作是否可靠；电梯到站是否平层；电梯运行有无异常振动或声响，舒适感有无明显变化，呼救电话是否畅通。

（3）电梯主管每日上班前进行一次电梯上下运行检查。

（4）要保持轿厢、层门口的卫生清洁，应特别注意层、轿厢门下轨道槽内有无杂物，如有杂物应及时清除，以免影响层、轿厢门的正常开启和关闭（图4-8）。

图4-8 轿厢内巡查

（5）在层门外，不能用手扒层门，当层、轿门未完全关闭时，不能启动电梯（图4-9）。

图4-9　轿门测试

（6）装修或搬家使用电梯搬运货物时，电梯主管要进行监督，避免损坏电梯设施。

（7）确保电梯有效运行，每年定期对电梯进行一次年检工作，由电梯维保单位在年检前进行一次全面保养检查，电梯主管配合维保取得年检合格证。

4.7.3　电梯维护保养

（1）工程管理部要求维保单位每次维保前填写工作票。

（2）根据制定的维护计划，维保单位按周、月、季度、年度维修保养计划进行维护保养。

（3）电梯的维修保养人员应接受过电梯维修保养技术和安全培训，并经政府主管部门考核合格。

（4）电梯的维修保养人员应遵守安全操作规程。操作过程中，应采取相应的安全技术防范措施，以避免发生伤害事故和设备损坏事故。

（5）任何形式的维修保养，确保电梯安全保护装置有效后，方可投入正常使用。

（6）电梯维护保养的项目和内容及要求根据各单位签署的维保合同约定为准。

（7）及时更换老旧部件，提高电梯工作效率，延迟电梯使用寿命（图4-10）。

（8）对故障频发的电梯，要制定有效的维护方案，增加维护次数，减少临时故障时间。

（9）对照明、通风系统做到智能化控制，在长时间无人情况下能自行关闭照明、通风，减少电力损耗。

图4-10 更换配件

4.8 空调系统安全运行管理规范

4.8.1 空调机房管理

（1）机房门应悬挂"机房重地，闲人莫入"的警示牌。机房内地面平整干净，机组及非安全区域应在地面画黄色分界线示警。

（2）机房通风良好，照明光线充足，并有应急照明，门窗开启灵活。

（3）机房内地面、墙面、屋面、门窗、设备表面无积尘、无油渍、无污物，油漆完好，整洁光亮。机房内水沟畅通，地面无积水，隔声层完好。

（4）机房内禁止吸烟，严禁存放无关杂物，应配备相关消防器材。

（5）对系统冷却水、冷冻水管道应有流向标识。阀门悬挂标识注明控制区域。

（6）机房内应悬挂空调系统操作规程、安全管理制度及空调系统图。

4.8.2 空调运行管理

（1）运行值班人员的巡视检查主要通过看、听、摸、嗅的形式来进行，一般不做拆卸检查；日常检查内容主要是检查设备是否有不正常的振动、噪声、过热、结露、泄漏，过滤材料是否需要清洗或更换，各种阀门的位置是否正确，动作是否灵活，保温层是否有损坏，风机皮带松紧是否合适等。

（2）巡视检查冷冻机组应运行平稳，无异常响声；电气、自控系统动作正常；冷却水进、出水温度，压力符合设置标准值；冷冻水进水、出水温度，压力符合设置标准值；空调主机运转无异常振动或噪声（图4-11）。

图4-11　自控系统监控

（3）巡视检查循环水泵系统电机温升正常无异味；轴封（盘根）不漏水；无异常噪声和振动；管道和阀门不漏水；各阀门开启角度位置合适；轴承无异常，基础减振装置及进出水口软接头的减振效果良好。

（4）巡视检查冷却塔进风百叶和风机保护罩上无杂物阻碍空气流通；各管道和阀门不漏水，集水盘的水位适中，无少水或溢水现象；水箱浮球阀动作灵活，出水正常；风机运转平稳，无异常噪声和振动；风机皮带松紧合适，无明显磨损；布水器（配水槽）孔眼无堵塞现象；水流通过填料层疏密均匀，无偏流现象，无杂物堵塞（图4-12）。

图4-12　设备检修

（5）查看电源控制柜电压、电流指示正常范围，各电源指示灯正常无损坏；电源控制柜卫生清洁，无污物；开关动作灵敏可靠（图4-13）。

（6）巡视检查时，要注意观察空调系统的压力表、流量计、温度计、冷（热）量表、电流表、燃料计量表（燃气表、冷却剂表等计量仪表）的读数是否处于正常范围，如果不正常，要及时查明异常原因，并进行针对性的处理（图4-14）。

图 4-13 控制柜巡视

图 4-14 计量表巡查

（7）每班次清理机房卫生，保持设备及机房卫生整洁。

4.8.3 空调系统定期保养

（1）对中央空调系统冷冻机，每月进行一次检查，测定主机的油位，测定加热器、散热器、排风机、各传感器、安全保护开关的性能；因季节更换停用时，对主机应做维护保养。中央空调冷冻机应每年进行两次检查保养，测定主机制冷、制热的能力和系统制冷剂量，检查电脑运行性能、电气控制各安全保护装置、过滤器等完好状况，确保主机完好。

（2）冷却水泵、冷冻水泵机组的检查和维保循环水泵每月应进行一次检查，检查范围主要是：流量、扬程、密封性、电机轴承、避震器等（图4-15）。

图 4-15　空调机组

（3）对冷凝器、蒸发器，换季开机前进行一次清洗保养，清洁柜式或箱式蒸发器的空气过滤网，清洁蒸发器散热片，清洁接水盘，拆开水冷式冷凝口、蒸发器两端进出水法兰清洁滤网，全部清洁完毕，安装后检查是否漏水，若法兰的密封胶垫老化，则应更换。

（4）对集水器、分水器膨胀水箱，换季开机前空调循环水系统的集水器、分水器进行一次清洗保养，确保这些设备无滴水、无堵塞，水流分配均匀，膨胀水箱进行一次保养，清除杂物、锈斑，涂刷油漆等防护层，检查系统补充水箱、膨胀水箱的液位控制浮球是否损坏。

（5）对电磁调节阀、压差调节阀，换季开机前电磁调节阀通、断电检查电磁调节阀、压差调节阀是否动作可靠，若有问题则更换同规格电磁调节阀、压差调节阀。对压差调节阀内阀杆加润滑油，若填料处泄漏则应加压填料。

4.9　变配电设备安全管理规范

4.9.1　职责与权限

工程管理部

（1）负责校园内设施设备的正常、安全运行。

（2）负责校园内日常建筑设施以及水、电、气、暖、空调、电梯等设施设备维修、运行、管理工作。

（3）负责制定校园内设施设备年度大中修计划及实施方案。

（4）负责做好学校提出的工程缺陷处理。

（5）负责组织编制各类设施设备的保养、检修计划，原材料采购计划，并组织实施。

（6）负责校园内突发设施设备故障应急处理工作。

(7)负责校园内设施设备的节能降耗工作。

(8)负责建立设备台账,完善设施设备档案登记,对维修及更换的设施设备资料予以记录存档。

(9)负责部门的文件、资料的管理。

4.9.2 变配电设备安全管理规范

1.变配电室机房管理

(1)非变配电室值班人员因工作需要进入变配电室设备区时应登记,值班人员应监护陪同。

(2)机房内应备齐消防器材、高低压绝缘用具,放置在指定、明显处。

(3)变配电室内环境整洁,设备间不应存放与运行无关的物品、化学品,巡视道路畅通。

(4)设备构架、基础无严重腐蚀,房屋不漏水,无未封堵的孔洞、沟道。

(5)电缆沟盖板齐全,电缆夹层、电缆沟和电缆室设置的防水、排水措施完好有效。

(6)变配电室不应带入食物及储放粮食,值班室不应设置和使用寝具、灶具。

(7)各种标识齐全、清晰、准确,设备上不应粘贴与运行无关的标识。

(8)设备间内不应有与其无关的管道和线路通过。

(9)变配电室内严禁烟火,对明火作业应办理审批手续,严加管理。

(10)设备区域内应配有温、湿度计。

(11)每班次进行一次卫生清扫,每月清洁一次变配电室的设施设备,做到地面、设施设备表面无积尘、无油渍、无锈蚀、无污物,表面油漆完好,整洁光亮。

(12)变配电室通风良好,光线足够,门窗开启灵活。

(13)变配电室做到随时上锁,钥匙由值班人员保管,不得私自配钥匙。

2.运行管理

(1)有专人值班的变配电室每班应至少巡视检查两次。如果委托他人运行管理,根据约定执行。

(2)无专人值班的变配电室应根据电气运行环境、电气设备运行工况、负载等具体情况安排巡视检查,每天至少1次。

3.运行巡视检查

(1)确认设备工作状态是否正常,观察面板电子显示器(仪表)及信号信息是否正常,有无异常声响,有无异常气味,操作电源有无异常等。

（2）通过专业工具检查连接点有无过热变色，绝缘有无裂纹、明显老化，运行温度是否正常，有无闪络放电痕迹，操作机构有无异常等（图4-16）。

图4-16　变配电日常巡视

4. 出现以下情况应增加特殊巡视

（1）新装或长期停用设备、大修后设备、事故处理后的设备。

（2）环境污染、恶劣天气等设备运行条件恶化时。

（3）发现运行参数异常等可疑现象或已有缺陷的设备。

（4）检查直流屏显示是否正常。

（5）检查配电室或配电柜温度、湿度是否在正常范围内。

（6）检查配电室防火、防水、防小动物的装置是否可靠（图4-17）。

图4-17　配电柜巡视

5. 配电设备临时故障的排除和维修

（1）运维工（值班人员）发现电气设施设备发生故障，迅速报告管理人员，并做好相关的记录。

（2）管理人员接到运维工（值班人员）的报告后，立即组织工程技术人员到现场，分析故障原因，然后确定故障排除和维修方案（图4-18）。

图 4-18 设备检修维护

6. 配电室单路突发停电的应急处理

（1）当外部供电线路发生单路故障突然停电时，值班人员（运维工）应立即打电话询问上级供电主管部门，查明原因并做好倒闸操作准备，严格按规范进行倒闸操作，迅速切换恢复供电，并及时上报工程管理部经理及有关部门，对重要场所要加强巡视，并检查生活水系统、电脑、网络、电话、电视机房、锅炉房等重点设备，并将停电时间和影响范围认真做好记录。

（2）当电气设备发生故障时，应立即将设备退出运行，以免造成事故进一步扩大，及时查找故障原因，争取在最短时间内排除，因设备损坏在短时间内恢复不了，应及时上报工程管理部经理，并考虑采取相应的办法临时替代，以保证楼内的正常供电，做好维修计划，尽快使设备恢复正常，将事故发生的时间、原因、处理方法以书面形式写出报告交到工程管理部。

7. 人员触电的应急处理：

（1）当发生人员触电时，首先不要慌乱，按相关规定要求的程序应立即使触电者脱离电源，在找不到电源时可用木杆或绝缘物使触电者脱离电源并立即抢救。

（2）触电者脱离电源后应立即进行现场抢救同时拨打急救电话。

（3）抢救过程不得中断，以防触电人员出现"假死"现象。

（4）急救方法一般可采用人工呼吸和胸外挤压法。

(5)急救过程中避免二次伤害。

8.发生电气火灾的应急处理：

(1)当电气设备发生火灾时，值班人员（运维工）应在第一时间内赶到现场切断电源，并协助扑救初起火灾。

(2)疏散无关人员。

(3)发现火情迅速通知消防中控室。

(4)采取有效措施予以控制。

4.10 给水排水系统安全管理规范

4.10.1 给水排水机房运行管理

(1)非给水排水维修人员因工作需要进入机房时应登记，值班人员或给水排水相关人员应监护陪同。

(2)生活水箱、补水水箱、消防水池观察口应加盖并上锁。

(3)各种标识齐全、清晰、准确，设备上不应粘贴与运行无关的标识。

(4)自来水管理人员的有效健康证悬挂在机房或水箱间明显处。

(5)每班次进行一次卫生清扫，每月清洁一次给水排水设施设备表面浮尘，做到地面、设施设备表面无积尘、无油渍、无锈蚀、无污物，表面油漆完好，整洁光亮。

(6)进入管道间和管井隧道等空间进行作业时，应遵守有限空间作业的安全管理制度。

(7)给水排水机房做到随时上锁，钥匙由专业维修人员或值班人员保管，不得私自配钥匙。

4.10.2 给水设施设备运行管理

(1)严格遵守操作规程，不得违章操作，应保持水泵平稳运行，无异响，无异味，运行时中、高区水泵出口压力设定在正常范围内。

(2)对给水泵房、消防泵房定期巡视检查，确保水泵、管线、接头、阀门与手轮完好无渗漏。

(3)每日检查水泵控制柜的显示屏设置状况，观察显示屏电压与压力表指示是否一致，确保各项显示正常。

(4)对水泵设备，每月将转换开关转到"手动"位置，用手动试验主泵和备用泵运转是否正常，然后将转换开关转回"自动"位置。

（5）每2小时巡视一次各区循环水泵、板换、分集水器、软水水箱、定压补水泵运行状态。

（6）检查消防泵控制柜旋钮应在自动位置，电源指示应正常，水箱水位应处于满水状态（图4-19）。

图4-19 给水设备组件

（7）每天对消防泵、喷淋泵的联动信号情况进行检查，每季度点试设备一次（图4-20）。

图4-20 设备巡检

（8）如有紫外线消毒设施的，每日检查紫外线消毒器运行情况，遇有损坏及时维修。为了确保饮用水质，应根据紫外线消毒设施厂家规定的时间更换紫外线灯管。

4.10.3 排水设施设备运行管理

（1）定期测试启动污水泵、提升泵应处于完好状态（在汛期要增加次数）。

（2）检查污水泵、提升泵进、出水闸阀是否处于打开位置。

（3）检查电压表、信号灯指示是否正常。

（4）合上污水泵、提升泵控制箱（柜）电源开关，将转换开关置于"手动"位置，按下启动按钮，污水泵、提升泵启动，注意观察启动电流。

(5)确认一切正常后,按下水泵(潜水泵)"停止"按钮,水泵停止,将转换开关置于"自动"位置,使污水泵、提升泵自动启动并运行。

(6)手动干预液位控制,检查是否在设定位置水泵(潜水泵)自动启动。

(7)检查提升泵逆止阀是否有效,避免倒灌。

(8)每年对排放的污水进行一次检测,确保污水排放符合属地排污标准。

(9)检查发现不正常,要根据各单位的规定及时处理。

4.10.4 给水设施设备维护保养管理

(1)每年应对各类水泵进行一次维修保养,确保水泵运行完好。

(2)给水系统阀门:室内给水系统的阀件要定期检查维修,对各类阀门应定期开关,看阀杆是否灵活,对出现故障的阀门应及时修复,以免故障进一步扩大。

(3)保温和隔气层:给水管道的保温和隔气层,在平时使用中注意检查和维护,碰坏或自然脱落时需及时修补,整个设备在吊顶中的管道保温和隔气层,应定期进行检查和维修。

(4)每年根据检查发现的管道及阀门锈蚀严重要及时更换。

(5)对换热系统的换热设备要做好水垢清除。

(6)每年对饮用水箱由专业有资质的单位清洗一次,若遇特殊需要可增加清洗次数。清洗后,经专业机构检测,使水质达到国家卫生饮用水的标准投入使用。

(7)水箱的进出水孔、进出水管、溢水管、泄水管、水位计、液位传感器、浮球阀和各类阀门,要定期检修保养。

(8)水箱玻璃管水位计要有清晰标识及水位线。

4.10.5 排水设施设备维护保养

(1)每年对排污泵进行一次保养检修,确保电机及泵完好。

(2)排水管道的养护:排水管道在使用过程中,由于排水管道内壁面上结垢等,为了保证排水管路的畅通,在使用中定期对排水管道除垢清理,防止生成污垢。

(3)检查所有管道,阀门的防锈保护层是否完好,必要时做油漆保养。

(4)对于排水管路中的地漏、检查口、清扫口等设备,也要定期检查,如发现有污损、锈蚀等问题,应及时更换或修理。

(5)定期对污水、雨水管道及过井进行清通、养护和清除污垢,确保畅通。

第 5 章

校园公共秩序维护

校园安全是校园物业服务的重中之重，平安稳定、和谐文明的内外环境为学校健康发展和教育教学改革提供了基本保障，促进学校教育教学质量稳步提升和学生的安全、健康成长。本章从人员安保、消防设施安全两个维度出发，对校园出入口管理、突发人员聚集、防火巡查、消防管理等公共秩序维护内容进行阐述，构筑校园安全屏障网，确保学校教学工作安全有序。

5.1 物业公司对寄宿类学校校园公共秩序维护的认知

5.1.1 公共秩序维护的特点

（1）校园物业服务公共秩序维护是指物业公司采取各种措施和手段，保证学生的人身和财产安全，维持正常的学习、生活和工作秩序的一种职业性服务工作。它的目的是保证和维持学校有一个安全舒适的工作、学习、生活环境。

（2）校园物业服务公共秩序维护的核心在于"保"，"保"是指通过各种措施对突发事故进行妥善处理。与校园的安全风险管控注重预防不同，校园物业服务公共秩序维护"服务助力学生成长"，强调对学生人身安全的日常保障。

5.1.2 公共秩序维护的价值

（1）校园物业服务公共秩序维护是为了建立健全完备的组织机构，尽可能用先进的设备设施，选派最具责任心的专业人才，坚决贯彻"预防为主"的原则，千方百计地做好预防工作，尽可能地杜绝或减少安全事故的发生。同时，对于出现的安全事故，要根据具体情况，统一指挥、统一组织、及时报警，并采取一切有效的手段和措施进行处理，力争将人员伤亡和经济损失降到最低。

（2）校园秩序既有规范、约束的意义，又有教育、服务的任务；既是育人的条件，又是育人的手段。校园物业服务公共秩序维护能为学校学生的人身、财产提供安全和保护。只有做好校园物业服务公共秩序维护工作，学校才能少受或不受损失和侵害，其价值才能得到保护。

5.1.3 公共秩序维护的要点

学校要开展正常的教学工作，除了必须具备的基本物质条件之外，另一个重要的前提是建立正常的校园公共秩序。校园公共秩序的范围很广，涉及学生工作、学习和生活的各个方面。在校园公共秩序的维护中，物业公司需要注意以下两个要点：

1. 校园治安管理

校园治安管理是保证校内学生人身安全的重要一环,校园治安管理包含了校园出入口管理、突发人员聚集情况处置等内容。物业公司需要依据学校所在地社会治安情况,结合学校的实际情况和学校学生特点,强化治安管理工作。同时,在校园治安管理的过程中,将学生放在首位,为学生和老师服务,加强安保人员的服务意识,提升服务效率,做到学生需求与服务相吻合。

2. 校园消防管理

寄宿类学校学生数量多,居住密集,容易产生消防安全隐患,同时建筑内易燃物较多、火灾隐患点面分散,一旦某个环节出现问题,极易引发火灾,威胁学生的人身安全。物业公司应把校园消防管理看作校园公共秩序维护的一项重要工作,从人力、物力、技术等多方面充分做好灭火准备,以便一旦发生火灾能迅速将其扑灭。

5.2 出入口管理作业指引

5.2.1 术语和定义

封闭式物业服务区域:全封闭物业服务区域指区域周围均有围墙、防爬栅栏等设施,且区域的各个入口均设置了门亭或门岗,或出入口均设置安保人员控制人员或物资进出的单体建筑。

开放式物业服务区域:开放式物业服务区域指区域周围无围墙、防爬栅栏等设施,区域可随意允许人员及车辆进出,区域内的公共设施允许外来人员随意使用的服务区域。

5.2.2 服务要求

1. 安全管理要求

(1)学校校园主要出入口应设置安保人员,负责出入口的管理;应设置24小时安保岗位,提供必要的人防、技防措施,确保区域内安全运行(图5-1)。

(2)学校校园出入口宜实行技防、人防相结合的安全管理模式,安装门禁、闭路电视监控、可视对讲等智能化系统设备。

(3)学校校园出入口应设置的安全防卫工具或器材,用于应急事件的处置。

2. 管理区域内学生的管理

(1)封闭或半封闭式服务管理区域,宜为区域内的学生办理出入证,安装门禁

图 5-1　出入口安保值守

系统的应为其办理门禁卡。

（2）应明确门禁卡办理责任部门及办理岗位，负责门禁卡的办理、发放、登记统计、注销等。

（3）学生前来办理时，经办人应要求其提供相应入住证明及身份证明，核对无误后方可办理。

（4）学生补办出入证或门禁卡时，经办人应对原出入证或门禁卡进行登记作废或注销，并通知出入口管理责任部门。

（5）出入口安保人员应要求学生凭证卡进入，未能出示证卡的，应按照来访人员管理要求进行登记，不得随意放入。

3. 来访人员管理

（1）进入封闭式服务管理区域的来访人员，出入口安保工作人员应问明其来意，并与被访学生取得联系，经被访人同意后方可进入。

（2）出入口安保人员应登记来访人员姓名、有效证件、联系方式、被访人姓名及联系方式，登记完毕后方可同意进入。

（3）采用门禁系统的服务区域，宜由出入口安保人员或前台工作人员为其办理访客门禁卡。

（4）采用访客卡的，宜设定有效期限，一般不超过1天，并提醒访客当日归还。

（5）访客宜每次进出均进行登记，不宜为常访人员办理长期访客卡。

（6）对于开放式管理的服务管理区域，可视情况进行访客登记，但出入口安保人员及控制中心须密切注意其行为；对形迹可疑的人员，出入口安保人员应及时采取妥善的方法进行盘问、控制，确保服务区域安全。

（7）出入口安保人员应禁止无明确探访对象的外来人员进入服务管理区域。

（8）出入口安保人员应对来访人员进行合理有效的控制，避免发生争执或冲突，出现问题时应及时上报安保责任部门主要管理人员协调解决（图5-2）。

图5-2 外来人员出入管理

4. 执行公务人员

（1）执行公务的执法人员因公进入服务管理区域，出入口安保人员应请其出示证件，积极配合开展相关工作。

（2）物业服务人员宜配合执行公务人员的各类公务，并予以保密。

5. 广告推销人员

（1）出入口安保人员应禁止推销、发广告等闲杂无关人员进入物业服务区。

（2）对发现已进入服务管理区域的闲杂人员，须对其身份进行核实，联系派出所等相关部门处理。

（3）对外来人员须做到友善、礼貌，尽量避免发生纠纷与冲突，若出现不能有效处理的事件，须立即报告出入口管理责任部门主要管理人员到现场协调处理。

6. 物资出入管理

1）物资进入规定：

（1）出入口安保人员应禁止任何人员携带易燃、易爆、剧毒等危险品进入服务管理区域。

（2）出入口安保人员应随时留意进入人员携带的特殊、大件物品，及时采用合理方式进行盘问了解。

（3）货车进入时，出入口安保人员或停车场出入口安保人员应了解所拉物品。

2）物资搬出规定：

（1）应明确责任部门负责物资搬运外出放行的登记，办理放行条；出入口安保人员根据放行条内容进行核实后放出。

（2）物资搬运外出时，应由申请人至责任部门处办理申请手续；申请人按要求填写放行条，写明物资名称、数量、时间和本人资料；若非物主本人办理，需物主提供书面委托书或物主电话委托，由搬运人在放行条上签认。

（3）放行条经办人应审查申请人的身份证明，并与物主本人联系确认。

（4）出入口安保人员应核实所搬货物与申请内容是否相符；并负责记录、核对搬运车辆牌号、司机身份证号或驾驶证号，登记物资搬离时间，确认无误后予以放行。对于涉密的学生单位，应根据学生单位保密要求，放行物品。

（5）学生因搬离服务管理区域办理物业搬运放行条时，放行条经办人应同相关人员进行核对，追收尚未交纳的各项费用。

7. 施工人员管理

（1）所有二次装修或物业委托的装修或施工人员应凭发放的临时出入证进出服务管理区域。

（2）出入口安保人员在检查出入证时应核对相片、施工人员姓名、证件有效期。

（3）若出入证丢失或过期，出入口安保人员应要求其补办证件或延期后方可进入服务管理区域。

（4）装修或施工结束后，属施工方的工具材料可由装修负责人或委托人办理出门条，经办人须查验身份证明及临时出入证或学校委托书（图5-3）。

8. 安全要求

1）出入口管理工作安全保障措施：

（1）出入口管理安全要求的沟通与确定；

（2）出入口安全方案制定；

（3）出入口安全方案的组织实施；

（4）学校信息保密措施；

（5）出入口现场安全工作检查。

2）出入口管理工具及设施安全要求：

（1）需放置安全提示牌及安全防卫工器械，具体内容参照《物业公共秩序维护规范第1部分：安全防卫工器械》；

（2）工作场所安全疏散通道应保持畅通无杂物遮挡。

3）出入口管理安保员安全要求：

图5-3 进出管理

（1）应签订安全生产责任书；

（2）应经过安全教育培训，新入职员工不低于24学时；每年须接受进行不低于8学时的安全教育的再培训；

（3）应每月进行安全教育培训；

（4）应严格遵守劳动纪律，不得私自串岗，擅离职守；

（5）应全面掌握应急设备设施使用技能；

（6）应经过健康体检，持有效期内健康证上岗，不得带病工作。

4）出入口管理工作应急处置：

（1）应参加公司/部门组织的应急演练；

（2）掌握突发紧急情况现场处置方法。

9. 设备设施及用品

出入口管理服务过程中工具要求见表5-1。

设备设施及用品一览表　　　　表5-1

物品名称	配置标准及要求	控制措施
对讲机	按需配置；完好	定期盘点检查
手电筒	按需配置；完好	以旧换新
记录本（表）	按需配置；完好	定期检查填写记录

5.3 突发人员聚集情况处置制度

（1）各岗当值人员如发现学校附近出现突发人员聚集情况，应提高警惕并上报主管领导。

（2）相关领导接报后，通知中控室当值人员对相关区域加强监控，并立即向相关负责人报告（图5-4）。

图5-4　中控人员工作流程

（3）协助做好后续工作，避免发生冲突，克制忍让，避免将矛盾转向自己。

（4）中控室当值人员要实时监控现场情况，对此期间的录像进行保存。

（5）人员离开后，及时向学校上级领导进行汇报并做好记录。

（6）各单位秩序部需根据学校实际情况制定突发人员聚集事件应急预案，并进行培训（图5-5）。

图5-5　校园安防培训

5.4 安全岗位异常行为及处理作业指引

1.安全岗位行为规范见表5-2。

安全岗位行为规范表　　　　表5-2

项目	内容
仪容仪表	1.工作期间精神饱满，充满热情，面带微笑，声音亲切； 2.上班时间均须穿着统一规定的工装制服和鞋袜，制服应保持干净、平整，穿黑色皮鞋，鞋底、鞋面、鞋侧保持清洁； 3.不得穿着或携带制服离开学校，着制服时佩戴工牌； 4.不得将笔、笔记本、手机等物品放在上衣口袋，不得挽衣袖、卷裤腿、敞胸露怀、穿拖鞋，衣冠不整者禁止上岗； 5.保持头发整洁，经常梳理。男安全员发不盖耳、遮领，不留大鬓角；女安全员短发前不遮眉，后不遮领，长发束扎盘结。男女安全员均不得剪怪发型或染发（染黑发除外）； 6.保持手部清洁，经常修剪指甲，不得留长指甲，不得涂指甲油；

续表

项目	内容
仪容仪表	7. 保持面容清洁，男安全员经常修面，不准留胡须，女安全员应化淡妆上岗，不得浓妆艳抹； 8. 遵守饰物佩戴规定，不得戴手镯、手链等饰物，仅可佩戴一枚戒指，戴项链者项链不得外露； 9. 注意个人卫生，经常洗澡，保持身上无汗味、异味； 10. 保持口腔卫生，上岗前不得饮酒、吃有异味食品
行为规范（言谈）	1. 正确使用"十一字"礼貌用语，即："您、您好、请、对不起、谢谢、再见"等； 2. 回答问题要明确，不要与无关人员闲聊。对询问要热情，不得使用"不知道、不了解、不清楚、不是我管的"等生硬语句； 3. 盘问要有礼貌，先举手致意或点头示意，并招呼说："对不起，请问您***"，盘问清楚后登记放行； 4. 遇到不友好的访客或陌生人，要保持冷静，不可急躁生气，如对方有怨言应耐心听取，或进行解释和劝导； 5. 杜绝使用"四语"，即：蔑视语、烦躁语、否定语、斗气语，不得以生硬、冷淡的态度待客； 6. 要尊重学生的风俗习惯，不对学生评头论足，议论指点，不得以肤色、种族、信仰、服饰取人，不得与同乡在学生面前讲家乡话和方言
行为规范（举止）	1. 站姿：头部端正，目视前方，面带微笑，表情自然，挺胸收腹，站立时不得前俯后仰和把身体倚靠在物品上； 2. 步行巡逻：巡逻行走时应昂首挺胸，正视前方，以眼睛余光巡视四周；手不能插入口袋，遇到学生或者学校领导，面带微笑，点头致意； 3. 单车、摩托车岗：上下单车、摩托车均应跨右腿从后上下，电动车可视操作便利选择从前或后上下，巡逻时应昂首挺胸，中速行驶，遇到参观或询问需要解答时，应下车停稳车辆，立正、敬礼，然后进行交谈； 4. 车场岗：车辆进出停车场，立正面向驾驶人员敬礼并开、收票据，抬起路障，做直行手势示意车辆通行，要求动作迅速，避免车辆在岗位处停滞过久； 5. 手势：为学生指路的标准手势为：手臂自然前伸，手指并拢，掌心向上，指向目标。在介绍和指示方向时，切忌用一个手指指点或拿着笔、对讲机等物品； 6. 在学生面前任何时候都不得有以下举止：修指甲、剔牙齿、抠鼻孔、掏耳朵、吃零食、打饱嗝、伸懒腰、搓泥垢、哼小调、吹口哨、看书报、化妆、吸烟、插兜、叉腰、抱肩等
其他行为	1. 使用对讲机时，语言要文明、简练、清晰，表达完一个意思时，及时向对方说"完毕"； 2. 自觉维护学校的干净整齐的环境，主动做到"人过地净"

2. 安全岗位异常行为及处理见表5-3。

安全岗位异常行为及处理表　　　　　表5-3

分类	异常行为表现	可能风险	应对措施
值班期间类	中心、岗位间对讲机呼叫联系不上	突发疾病；内盗；被外来犯罪分子袭击；脱岗；对讲机存在问题	控制中心定时呼叫岗位；每班次班长随机呼叫；呼叫联系不上后，当值班长或主办立即到岗位现场检查、核实；属对讲机问题及时更换对讲机
	以上洗手间为由经常回宿舍	内盗；身患疾病；偷打手机或其他怠工	班长应掌握每个班员值班期间的工作状态，采取跟进方法，核实是否真上洗手间；计算时间，超过规定时间时，班长应联系或回宿舍查看；值班期间贵重物品（手机）统一保管；上班前班长负责检查宿舍铁柜，保证全部上锁

续表

分类	异常行为表现	可能风险	应对措施
值班期间类	值班期间经常谈论某学生、利用监控镜头观看学生活动等情况	侵犯学生隐私；有心理疾病	明确工作管理制度，劝解、引导安全员重视个人职业素养；定期培训引导，了解思想状况，如果是纯属无聊、打发时间，则严厉制止、警告；监控中心安装监控镜头、拾音器
			安全主办以上人员不定期抽查中心、泳池录像
	值班期间私自复印、拷贝、摘抄资料等情况	侵犯隐私；泄露资料会引发群诉；违反法律法规；利用职务之便谋取私利	定期培训"五条禁令"，告知以身试法的风险
赌博类	有买马、六合彩等赌博嗜好	内盗；扰乱团队士气；受社会不良人士影响	劝诫、引导、关注安全员动向；告诫其他安全员不得借现金给有此种动向的安全员；经常强调妥善保管个人财物的重要性；在引导失去作用的情况下，向安全员明示不改正将会失去工作的严重性
团队类	本班组安全员三五成群，经常在一起吃喝玩或有小团体倾向	相互影响，不利团队管理	定期在班组间调动；调换部门
	个别安全员极端内向、孤僻，日常行为表现异常（例如，某时间段发呆、傻笑、说话前言不搭后语等）	有碍团队管理；心理疾病	重点关注，重点沟通；班组与主管适当引导、合理安排其工作时间，避免安全员因其突然发作的过激行为造成不良影响；事前宣传
	有贪小便宜行为或经常向同事甚至学生借钱	欺骗，影响学校声誉盗窃	明确并禁止同事间借钱；了解其真正动机，如存在对学校造成影响的可能，应立即处理；如确有困难，需逐级上报
	月初突然请假的（每月6日前）	已向同事借大量财物；已有意向另寻工作	了解请假原因、事由；了解是否已向其他同事借款及借款的缘由；如已借有财物，向人事及财务反映，要求期间暂发其工资
	在部门工作期间突然离群、自闭、不参与班组活动	盗窃；影响工作和团队建设	班长应及时了解掌握员工的思想动态及家庭情况，在条件许可下给予适当帮助；积极引导，帮助其树立正确处理问题的态度意识

5.5 消防安全管理制度

5.5.1 总则

（1）消防工作是同火灾事故作斗争、确保学生及学校财产、生命安全的一项重要工作，认真做好。

（2）消防工作认真贯彻"预防为主、防消结合"的工作方针，把各项防火工作落到实处。

(3）物业公司要对学生进行各项防火宣传以及防火灭火知识教育，开展防火检查，堵塞漏洞，消除火灾隐患。

（4）加强要害和重点部位的防火管理，做到"四有一及时"，即有定期的消防检查、有义务消防队、有健全的防火制度、有足够的灭火器材，及时消除火灾隐患，确保安全。

（5）凡发生火灾事故，要保护好现场，认真追查火灾火险原因，做到"四不放过"，即事故原因未查清不放过、责任人员未处理不放过、整改措施未落实不放过、有关人员未受到教育不放过。

（6）学校学生学习并懂得防火灭火知识，能使用各种灭火器材，达到自防自救的能力。

5.5.2 消防安全负责人职责

（1）贯彻执行《中华人民共和国消防法》及其他有关消防法规。
（2）组织实施逐级责任制和岗位防火责任制。
（3）认真听取消防管理部门的意见或建议，并遵照执行。
（4）把消防工作列入日常管理的议事日程中。
（5）监督消防知识教育和培训工作。
（6）组织消防安全检查，督促整改火灾隐患。

5.5.3 秩序部门职责

（1）协助学校做好安全管理工作，按照《中华人民共和国消防法》及其他消防法规，贯彻"预防为主、防消结合"的原则，做好学校消防安全工作。

（2）建立健全消防组织，制定、修改、完善"消防安全责任制"等各项消防制度。制定、检查和实施消防应急疏散预案，不断完善消防管理机制。

（3）检查、监督国家消防法规和学校消防安全制度的落实情况，纠正、整改各类火灾隐患，发现、弥补消防工作中的漏洞，确保不发生火灾事故。

（4）监督、检查维保单位，定期检修维护学校各类消防设施设备，并保存相关维保记录，维护、保养、调配、购置灭火器，保证学校消防设施设备齐全有效。

（5）提供消防安全保障，确保学校的各种活动和重要接待任务的消防安全，为学生提供消防安全咨询和服务。

（6）组织学校内部的消防宣传和培训，搞好防火安全教育，提高消防意识。做好义务消防队的组织工作，定期组织义务消防队成员开展防火知识及火灾应急处理知识培训，相关记录要做到清晰、完整、真实、可追溯。

（7）发生火灾时，组织义务消防队员进行扑救和抢险，调查火灾原因，提出处理意见。

（8）执行消防奖惩条例，行使奖励和处罚。

（9）梳理消防安全风险点，制定消防安全危险源辨识及评价记录，并根据实际情况进行更新和上报。

5.5.4 物业服务人员职责

（1）防火工作，人人有责。物业服务人员严格遵守本单位各项消防规章制度，主动协助防火负责人做好日常防火工作，保证不发生消防责任事故。

（2）认真学习消防法规和防火、灭火知识，熟悉和看护工作环境中周围的消防设施设备。

（3）学习掌握消防安全"四个能力"：检查消除火灾隐患能力，扑救初期火灾能力，组织人员疏散逃生能力，消防宣传教育培训能力。

（4）经常对本工作岗位进行防火安全检查，发现火灾隐患和不安全因素，及时报告处理。

（5）一旦发现火情，要及时报警并参加扑救，必要时引导学生从消防通道进行疏散。

5.5.5 消防安全教育、培训

（1）秩序部负责对新入职教师进行基本消防知识培训及考核，与三级安全教育可同时进行，考核不合格者不予上岗。

（2）消防安全培训工作由安全管理部门组织人员，并确定培训场地及时间，秩序部负责授课。

（3）由秩序部组织以多种形式开展消防安全知识竞赛，提高消防安全意识。

（4）按计划组织学习消防法规和各项规章制度。

（5）中控室等特殊岗位要参加发证机关的专业培训，经考试合格后持证上岗。

5.5.6 奖励和处罚制度

1. 凡具备下列条件之一的集体和个人，给予表扬和奖励

（1）热爱消防工作，经常进行防火宣传，模范遵守并积极认真贯彻落实各项消防安全制度。

（2）坚持经常性的防火安全检查，及时发现火险隐患，堵塞漏洞，做好防范工作，成绩显著。

（3）积极钻研消防业务，提出合理化建议和技术革新，成绩显著。

（4）发现起火扑救及时，避免重大事故的发生。

（5）在灭火抢险中机智勇敢，为保护人身及财产安全有突出贡献。

2.凡是构成下列条件之一者，给予经济处罚、行政纪律处分及依法追究其刑事责任

（1）违反消防管理制度、技术规范和操作规程，而引起火灾造成一定损失的责任者。

（2）违反消防规章制度，劝阻不听，态度蛮横或经秩序部通知采取防火措施而拒绝执行，造成火险、火灾的责任者。

（3）明知有火灾危险而不加防范，以及玩忽职守、不负责任而造成火灾、火险事故的责任者。

（4）擅自将消防设备、器材挪作他用或损坏消防设备、器材。

（5）有意纵火破坏。

（6）由于贯彻消防规章制度不力，管理不善，有章不循，违章不究，而引起火灾、火险造成较大损失，除追究当事人责任外，同时也要追究具有失职行为的直接领导责任。

5.6 消防管理作业指引

5.6.1 总则

（1）消防工作贯彻"预防为主，防消结合"的方针，学校建立消防安全责任制，明确各级人员消防安全管理责任。

（2）全体物业服务人员都有维护消防安全、保护消防设施、预防火灾、报告火警、参与灭火工作的义务。

（3）义务消防队员会使用消防设施设备、掌握救生及疏散人员的方法。

（4）每位物业服务人员应熟悉自己岗位的环境、设备及物品情况，熟悉安全出口的位置和消防器材的具体摆放位置，懂得消防器材的具体使用方法，并清楚消防的"五知三会"，五知：知本岗位火灾危险性，知本岗位防火措施和防火安全制度，知本岗位防火负责人和消防专（兼）职人员，知火警电话"119"，知灭火方法；三会：会报警、会灭火、会疏散。

（5）严禁在校园公共区域内贮存烟花爆竹、炸药、雷管、汽油、天拿水等易燃、易爆以及各类剧毒物品。

（6）消防设施设备不得任意改装或挪作他用，消防给水系统需停水维修时，应做好消防预防措施。

（7）消防通道畅通，无障碍物，有禁止停车标识。

（8）举办具有火灾危险的各类活动，应制定灭火和应急疏散预案并组织演练，明确消防安全责任分工，落实消防安全防护措施。

（9）禁止采用不符合国家标准或者行业标准的消防设施和器材。

（10）严格遵守用火用电作业，禁止在具有火灾、爆炸危险隐患的场所使用明火，因特殊情况需要使用明火作业的，按照规定事先办理审批手续，并采取相应的消防安全防护措施。

5.6.2 火灾预防

1. 消防器材的配置见表5-4。

消防器材配置表　　　　　　表5-4

配置位置	配置要求
配电室、发电机房、电梯机房、控制中心、计算机房等重要设备房	每15平方米配置1具2公斤灭火器，一个设备房内不少于2具；发电机房应配有足够的消防沙及锹、桶
控制中心	首层消防设施平面图、煤气管网图、灭火作战示意图、消防应急物资（消防斧、消防扳手、铁锹、铁锤、警戒带、医疗箱及常用医药、防烟防毒等）

灭火器配置说明：
1. 灭火器应设置在明显和便于取用的地点，且不得影响安全疏散；
2. 灭火器应设置稳固，且铭牌朝外；
3. 手提式灭火器宜设置在挂钩、托架上或灭火器箱内，其顶部离地面高度应小于1.50米，底部离地面高度不宜小于0.08米，灭火器箱不得上锁；
4. 灭火器不应设置在潮湿或强腐蚀性的地点，当设置时，应有相应的保护措施；设置在室外的灭火器应有保护措施；
5. 每个配置点的灭火器不少于2具，不宜多于5具。

2. 消防器材适用范围见表5-5。

消防器材适用范围表　　　　　　表5-5

项目	使用范围
二氧化碳灭火器	主要适用于扑灭各种贵重设备、图书、档案资料、精密仪器、600伏以下的电气设备及油类等初起火灾
干粉灭火器	主要适用于扑救易燃液体、可燃气体和电器设备的初起火灾

续表

项目	使用范围
泡沫灭火器	主要适用于扑灭各种油类火灾、木材、纤维、橡胶等固体可燃物火灾
消防沙	适用于油类和液体类物质引起的火警
防毒面具	对起火现场有毒气体可长时间防护，对5毫克/升的苯浓度气体可防护30分钟以上

5.6.3 消防应急处理方案

1. 消防灭火职责与分工见图5-6。

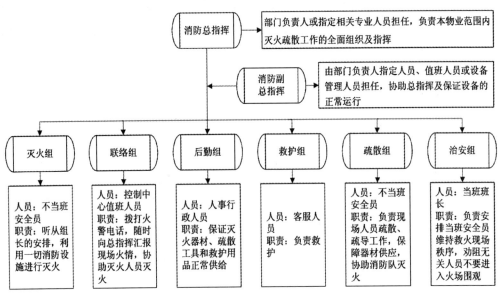

图5-6　消防灭火职责与分工

2. 消防灭火处理程序

1）初期火警的处理：

（1）任何人员发现有异味、异声、异色、异常明火等现象时，应立即将火警地点、燃烧物质、火势情况等报告控制中心，控制中心应立即指派附近岗位人员进行核实。

（2）当确认发生火灾时，控制中心根据火情，立即安排设备负责人员切断火灾地点市电、燃气阀，并将应急电源投入使用，同时拨打火警电话119，并将火灾情况报告给消防总指挥，安排人员到主要路口接应消防车。

（3）任何教职工发现或接到火灾信息时，应立即就近携带灭火器材展开灭火行动，尽最大努力将火势在此阶段扑灭。

2）发展期阶段的灭火：

（1）消防总指挥接到通知后，立即赶到现场并指挥人员现场增援，同时召集义务消防队员布置救灾工作，安排有关人员组织疏散，并做好解释工作。

（2）启动消防泵和喷淋泵，用紧急广播通知学生离开教室，在场工作人员指挥学生从消防楼梯安全疏散，禁止搭乘电梯，消防救护人员可乘坐消防电梯进行灭火工作（图5-7）。

图5-7　消防水泵房启泵供水

（3）在消防队到达后，协助消防队进行灭火。

3）猛烈期的灭火：

火势已不可控制或达到不可控制阶段时，应及时撤离，交由专业消防队处理。

4）扑灭期的处理：

火势扑灭后，保护好现场，全面处理善后工作，积极协助消防部门查明起火原因，采取纠正预防措施（包括自行扑灭的火情）。

5）及时填写《突发事件处理记录表》按流程上报。

5.6.4　消防演习

（1）每半年组织一次消防实战演习（演习时使用消防水带、灭火器）。

（2）演习一周前制定消防演习方案，经审批后报学校备案。

(3)演习后对演习情况进行总结,填写《演习计划及情况登记表》存档。

5.6.5 消防宣传与消防器材、设施设备的维护

(1)每半年至少开展一次对学生的消防知识宣传。

(2)每年至少组织一次对全体教职工的消防安全知识培训,每次培训时间不得少于两个小时。

(3)每季度、安全负责人每月至少进行一次消防安全检查,存在问题及时整改。

(4)灭火器每月检查一次并记录,消防箱每季度检查一次并记录。设备房及其他专用部位的灭火器/消防箱检查由设备维护人负责。消防报警系统、自动灭火系统等消防设备设施定期检查保养按照相关制度执行(图5-8)。

图5-8 消防设备定期检修

5.7 防火巡查管理制度

5.7.1 防火巡查的组织实施

学校内秩序部门负责组织防火巡查工作,岗位工作人员具体实施。

5.7.2 防火巡查的部位、线路和频次

(1)巡查部位包括校园内的消防安全重点部位及设施设备机房。

（2）巡查路线按自上而下，逐层、逐个部位巡查的顺序进行。

（3）防火巡查人员按班次落实巡查工作，通过巡查及时纠正违规行为，妥善处理发现的隐患和不安全因素。

（4）防火巡查至少每两小时1次，填写《防火巡查记录表》。

5.7.3 防火巡查内容

（1）校园管理区域内用火、用电有无违规情况。

（2）消防疏散通道和安全出口是否有障碍物堆放，堵塞、影响疏散，安全出口是否被锁闭。

（3）疏散指示标识是否完好无损，是否被悬挂物遮挡；疏散指示标识指示方向是否正确无误；公共区域张贴的《疏散指示图》是否无指示方向错误、线条脱落、字迹模糊的情况；疏散指示标识指示灯照明是否正常。

（4）应急照明灯具和线路是否完好无损；应急照明灯具是否处于正常工作状态。

（5）消防车通道是否有堆放物品、停放车辆等，影响道路畅通。

（6）防火门的门框、门扇、闭门器等部件是否完好无损，并具备良好的隔火、隔烟作用；带闭门器的防火门是否能够自动关闭，防火门是否处于常闭状态，防火门门前是否堵塞物品影响开启。

（7）防火卷帘下是否堆放杂物，影响降落；防火卷帘控制面板、门体是否完好无损；是否处于正常升起状态；防火卷帘所对应的烟感、温感探头是否完好无损。

（8）校园管理区域内用电，电源线、插销、插座、电源开关、灯具是否存在破损、老化、有异味或温度过高的现象。

（9）管理区域内是否存放易燃易爆等物品。

（10）管理区域灭火器是否摆放在明显位置，无覆盖、遮挡，是否在有效期内。

（11）地下停车场车道是否畅通，是否有修车、加油等现象，车辆有无油品泄漏。

（12）中控室是否私自增加电器设备和接拉临时电源线，是否存放易燃易爆可燃物，值班人员是否脱岗。

（13）检查责任区内室外消火栓、水泵接合器是否被占压、围堵，冬季有无防冻措施，消防设施的安全消防标识牌是否明确等，发现消防设施损坏的要及时报告。

（14）制止消防违规行为，并报告整改。

（15）认真做好巡视检查工作，对发现的消防隐患和初期火灾做到早报告、早处置。对突发性灾害事件，及时通知学生，保护现场，维护秩序。

（16）对初期火灾做到早发现、早处置，按照消防预案及时开展火灾扑救，把火灾损失降到最低；积极参加灭火战斗，抢救、疏散受灾人员及物资，在灭火过程中一切服从命令，听从统一指挥，维护火场秩序，保护火灾事故现场（图5-9）。

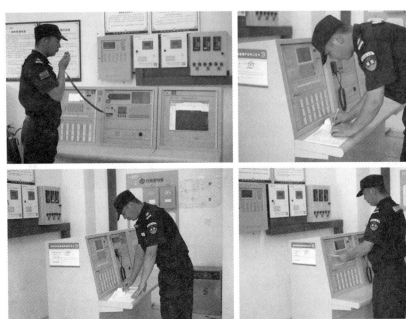

图5-9　触发火警中控值守人员工作规范

5.7.4　相关记录

防火查询记录见表5-6。

防火查询记录表　　　　　　　　　表5-6

年　月　日

巡查时间	巡查部位	存在隐患和问题	整改要求或整改情况	巡查人签字

续表

巡查时间	巡查部位	存在隐患和问题	整改要求或整改情况	巡查人签字
巡查内容	1.用火用电有无违章情况；2.安全出口、疏散通道是否畅通、疏散指示标识、应急照明是否完好；3.消防设施、器材和消防安全标识是否在位、完整；4.常闭式防火门是否处于关闭状态，防火卷帘门下是否堆放物品影响使用；5.消防安全重点部位的人员在岗情况；6.其他情况			
巡查要求	防火巡查至少每两个小时1次			
填写说明	1.整改要求或整改情况可填写"限××日前改正"或"已改正"；2.如果存在问题较多，"存在隐患和问题"一栏无法容纳时要另附纸张说明；3.如问题较严重，需上报签字			

第6章

校园环境管理

学校是教师和学生进行学习生活的重要场所，对于寄宿类学校来说，学生长时间在学校内学习生活，干净整洁的环境能有效地保障学生的身心健康。同时，校园环境也显示着一个学校的文化底蕴和特色风格，良好的校园环境有助于学校的文化建设。本章从校园内部环境保洁、消杀作业、绿化养护、垃圾分类四个维度对校园的环境管理工作进行分解，并提出具体的解决方案。

6.1 物业公司对寄宿类学校校园环境管理的认知

环境卫生工作既是精神文明建设的主要内容，又是物质文明建设的必要条件。学校校园环境卫生是学校精神面貌、道德风尚和管理水平的综合反映。一个优美、清洁的校园环境会给学校学生和社会留下良好的印象，有利于人才培养，有利于学校教学及学生生活，有利于推动学校健康、持续发展；优美、清洁的校园环境也会使学生受到美的熏陶，对于提升学生的道德情操和思想品德也有较大的帮助。校园环境包括校园交通、校园绿化、校园卫生、校园建筑外观等多方面内容，其中：校园环境卫生的好坏是衡量一所学校文明程度和管理水平的重要标志，校园环境卫生状况是校园环境最重要内容之一。因此，校园环卫工作是为学校正常教学、学生学习生活提供坚强后勤服务保障内容中必不可少的工作。

校园绿化养护管理是校园物业服务工作的一个重要方面。现代意义上的校园绿化已经不是简单的种花植树，具有它深层的、潜在的含义，它应该成为教育的载体，成为良性循环的生态教育环境。它对于美化校园环境，塑造学生品格，陶冶学生情操，提升学校形象有着非常重要的意义。

随着学校规模的扩大、招生数量的增加，校园空间利用及园林绿化美化的作用愈显重要，同时对养护管理也提出更高的要求。校园绿化不仅仅是表面的绿化，更是一种赋予性的校园文化的创造，是自然和人文的有机结合。作为学校的形象代表，校园环境的优劣直接关系到学校的方方面面，对学校的发展起到至关重要的作用，优美的校园环境可以促进创新、启迪智慧，增强学校的凝聚力和认同感。现代校园环境的建设形式多种多样，校园物业服务管理者应该充分认识校园景观建设的各种原则，紧随时代变化，营造良好的校园文化，充分实现校园环境育人的作用。

学校对校园园林绿化建设投入不断加大，大大促进了校园园林建设的发展，但同时也需要认识到绿化养护对保持园林景观功能性及美观性的重要性。避免出现过去重建设而轻养护的行为。"三分种，七分管"，为保证校园环境可持续发展，迅速提高学校园林绿化档次，加强科学养护管理，由粗放管理向细化管理已成为必然。

6.2 校园内部环境卫生管理

6.2.1 楼宇外部环境卫生管理

1.校园广场、道路保洁要点

（1）做好校园广场道路的清洁卫生，防止传染病的发生，净化校园环境，根据学校需求及校园人流及使用情况，物业公司做好校园道路、广场、中庭、绿化带、地下井等区域的清洁保洁工作（图6-1）。

图6-1　保洁人员室外清洁

（2）根据地域气候及极端气候情况，例如，暴雪天气、台风天气等，应增加保洁频次，使用先进的器械工具等作业手段，及时清扫道路积雪或障碍物，维护校区的环境卫生，保障广大学生的身心健康，营造清洁、卫生、舒适优雅的工作和学习环境。

2.户外运动场所保洁要点

（1）加强户外运动场所卫生，防止因保洁维护不到位导致的意外伤害，保障广大学生的身心健康，营造清洁、卫生的运动环境。

（2）定期清理户外运动场的垃圾、杂物、积水、泥沙、张贴物及果皮箱（图6-2）。

图6-2 保洁人员户外基础设施清洁及巡视

3. 景观水域保洁要点

（1）做到"三无"，建立和健全长效管理检查和监督机制，达到校园景观水域"无漂浮废弃物、无障碍、岸边无垃圾"的"三无"目标。

（2）及时打捞和清运水面、迎水坡（包括滩地）、堤岸的垃圾、水面杂草、有害或废弃漂浮物，清除水道小型障碍物等，避免水域保洁不到位造成的水质污染，影响校园整体环境。

（3）发现水域内病死动物，第一时间上报，由专门保洁单位对水域内的病死动物及病死动物产品进行统一打捞，并运至无害化处理公共设施运营单位进行无害化处理；若发现疑似染疫，专门保洁单位应立即向当地卫生防疫主管部门报告。

（4）台风、暴雨过后当日起三日内，清理河道中垃圾、废弃漂浮物、杂草、树枝、障碍物等，确保河道畅通和河面、河岸干净整洁。

（5）突发水污染事件后（是指藻类暴发、油类和有毒化学物等污染河道的情况），立即向学校主管部门报告，积极配合有关部门采取相应措施。

（6）其他特殊情况是指其他影响水域保洁的情况发生时，应设立相应的预案，采取积极应对措施。

6.2.2 楼宇内部公共区域环境卫生管理

1. 校园学生宿舍保洁重点

（1）学生宿舍保洁服务通常包括宿舍楼内的公共区域、楼外的卫生包干区等区域所开展的保洁服务。

（2）学生的作息规律通常受课程表或不同学习阶段两个因素影响较大，分析和掌握公寓楼内学生的作息习惯，在保洁工作的安排上考虑减少对学生的影响。

（3）部分学校对寝室独立卫生间的卫生器具，提供定期的除垢处理。

（4）部分学校提供寝室保洁特约有偿服务。此类服务视学校对公寓的管理规定而定（图6-3）。

图6-3　保洁人员宿舍电梯轿厢清洁

2. 公共教学楼公共区域保洁重点

（1）配合学校课程安排及自习室开放时间等需求，做好各个公共走廊、通道、电梯间及公共卫生间的卫生保洁工作；

（2）及时清理公共区域所产生的垃圾，不定时保障楼道及公共卫生间的整洁（图6-4）。

图6-4　保洁人员教学楼公共区域清洁

3. 实验楼公共区域保洁重点

（1）学校实验楼具有大量密闭的室内实验场所，公共区域面积相对较小，且人流量不会太大，公共区域的保洁作业频次相对于其他类型楼宇来说会较低。

（2）一般学校只针对实验楼公共区域保洁进行委托，实验室内的保洁属较专业的保洁范畴，除学校特别提出需求，对实验室产生废物及废液进行清理。

（3）物业公司应做好员工的操作培训，制定专业的操作流程，做好良好的防护措施，保障废料废液清理过程中不造成二次污染，保护楼宇公共环境及员工作业安全（图6-5）。

图6-5 保洁人员实验楼公共区域清洁

4. 图书馆公共区域保洁重点

（1）学校图书馆是人流密集的公共场所，应设定具体的清洁时间表以确保公共区域保持清洁和整洁，保证对桌椅、书架等重点区域的保洁。

（2）根据图书馆的使用情况和外部环境的健康风险，制定合理的消毒频率和时间表，尽量选择图书馆闭馆时间进行消毒，以减少对师生的影响。

（3）根据学生人数及图书馆藏书量等情况，图书馆保洁频次及保洁工具的配置使用应与学校及图书馆日常实际使用情况相匹配。

（4）保洁作业过程尽量实现"零干扰"。

5. 行政办公楼公共区域保洁重点

学校行政办公楼宇的公共区域保洁应注重办公楼各办公室的上下班时间，尽量在各个科室上班之前完成公共区域的保洁工作（图6-6）。

图6-6 保洁人员报告厅清洁

6. 体育场馆保洁重点

（1）与学校确定保洁活动范围，一般服务内容和操作方式与其他公共区域保洁无异。

（2）主要重点在于体育器材的保洁维护频次的确定，保洁方式的制定以及各项体育设施及器材的日常使用。

(3)发现器材及设备有损坏应及时上报(图6-7)。

图6-7　保洁人员体育场馆清洁

6.2.3　楼宇室内环境卫生管理

1.教学楼卫生间保洁重点

(1)学校教室卫生间具有使用频次较高,使用对象固定等特点。

(2)配合学校上下课时间安排,及时做好教学楼卫生间卫生保洁工作(图6-8)。

2.办公室清洁整理服务

(1)办公室室内清洁由专人负责,区域分工明确,责任到人。

(2)合理安排办公室清洁时间,公共区域在办公人员上班前清洁到位,办公室内部清洁根据甲方规定或由管理人员上门登记各办公室的打扫时间,按约定时间清洁(图6-9)。

(3)常规保洁按照保洁流程进行,因打扫需要挪动的桌椅、书籍、文件框等物品需原样放回原处。

(4)计划性保洁或其他特殊保洁,例如,地毯清洗、地板打蜡等,须由管理人员提前和办公室人员协商,预约时间,工作完成后确保物品归位。

(5)提供其他超值或有偿服务时,由客服人员和办公室人员沟通清洁需求,填写派工单,保洁员按照预约时间清洁,清洁后及时电话联系办公室人员确认清洁效果,并在派工单上签字。

图6-8　保洁人员教学楼卫生间清洁

图6-9　保洁人员办公区域清洁

3. 校园实验室环境卫生管理

（1）实验室环境清洁服务重点：每日对实验台面和水槽进行清洁，根据课程安排不定期清洁台面。每日对地面进行清洁，清理垃圾桶残留的垃圾；全天不定期巡视，有污垢和垃圾应及时清理。保洁过程中应注意保护好台面上实验仪器，切记避免人为碰倒或碰坏。

（2）自习区域清洁重点：清洁自习区域的桌面，学生遗留的资料、电子产品等保留原地，着重清理生活垃圾，保持桌面整洁。每日清洁地面，清理垃圾桶残留的垃圾；全天不定期巡视，有污垢和垃圾及时清理。保洁过程中应注意是否有用电安全问题，如果有及时上报，第一时间没收并通知使用者。局部区域清洁重点：定期对实验室PVC地面、地毯等特殊材质的地面进行养护。

(3)实验室专项服务实验后实验器具清洗服务要点：残留废液应第一时间倒在回收池。统一运送到清洗点，并戴好防护手套，按规定流程进行人工冲洗。人工冲洗后运送到器材专用清洗机处，进行机械清洗。取出器材，按顺序逐一放置烘干机中烘干、除菌。运送到摆放处，按要求保管。清洗设备在使用过程中注意方式方法，禁止非操作人员擅自动用。清洗设备应定期检查，有故障上报管理员。

(4)实验样品、材料运送服务：根据学校要求，在指定老师的陪同下运送实验样品及材料，走专用运送路线，使用专用电梯。运送有带腐蚀性、剧毒和放射性物品，需确保其有专用的包装容器，配备防护用品和防盗、防破坏设备，放射性物品需配备辐射监测设备。运送过程中配备相应的安保人员，防止财产损失。

(5)防毒面具及防毒口罩清洗维护：掌握正确的清洗方法，每次使用后应及时用水清洗、晾干，再用医用酒精消毒后，妥善放置。注意不使用时，防毒面具的放置位置或场所要通风良好，注意防潮防霉。

(6)洗眼器清洗维护：平时可用肥皂水清洗储液筒，再用清水清洗干净。平时须关闭支架，保护洗服头，关闭水源。每周打开支架一次，让水喷出15秒，冲洗管路，保证紧急时可以正常使用。储液筒每星期清洗一次和更换洗液水，以免水质发生变化。水质发生变化，立即更换洗眼水。

(7)普通实验服及洁净服清洗维护：实验服应用"84消毒液"和水以1:20的比例配制成的溶液浸泡，再进行常规清洗，最后晾干。洁净服应每周运送到专业清洁公司清洗一次。

(8)防化手套清洗维护：一次性防化手套实验结束后应立即处理掉。防化手套应用冷水或温水清洗，放干。

(9)一般化学废物及残液处理：一般化学废物收集到指定地点存放，一般化学残液直接倒入水池排水管道，通过地下室中和系统处理。每天巡检存放点、中和系统，发现问题及时上报。

(10)特殊化学废物及残液处理服务：特殊化学废物统一收集存放到指定地点，做好防火、防泄漏、防丢失的安全防范工作。特殊化学残液需根据其特性加入其他化学物品中和其Ph值。收集存放的特殊化学废物和经过处理后的残液需联系专业处理单位来现场进行回收。回收过程中，要监督好不出现跑冒滴漏情况，填好交接清单。

6.3 消杀作业管理制度

6.3.1 职责与权限

(1)消杀作业的实施由外委单位员工负责。

(2)外委单位负责提供消杀服务点位图或分布明细表。

(3)环境管理部门负责制定消杀标准及日常管理。

(4)主管负责消杀作业时的跟进与监督,并在《消杀作业记录表》上签字。

6.3.2 巡视检查管理

1.自检

(1)消杀药品投放点设置醒目警告标识。

(2)投放点位置、药量等情况记录清晰。

(3)消杀药品投放后,在规定的时限内及时回收药品。

(4)有不慎误食后的解药说明。

(5)无明显的鼠洞、鼠粪等鼠迹,无明显蟑、鼠、蚊、蝇活动。

2.对外委单位消杀作业检查

(1)消杀作业现场巡视检查内容包括:仪容仪表、文明礼貌、工作纪律、操作流程、出勤情况、安全管理、垃圾管理等。

(2)无使用国家禁用消杀药品的现象,药品配置合理、及时更新。

(3)安全防护措施齐全、得当。

(4)消毒物品容器上张贴明显标识,存放在适当位置,设专人管理。

6.3.3 巡视检查要点

(1)每周检查一次室内区域消杀作业效果是否达标。

(2)每月检查两次户外区域消杀作业效果是否达标。

(3)每月检查三次垃圾房或垃圾存放处消杀作业效果是否达标。

(4)灭鼠工作巡视检查要点:每月检查一次地下室、电梯间、外围、沟渠、污水井、垃圾房等区域消杀作业效果是否达标。

6.3.4 消杀作业注意事项

(1)对楼梯间、走廊进行消杀喷药不将药物喷在扶手或门窗上。

(2)不在人流高峰期间进行喷药。

(3)认真消杀办公室、走廊、楼梯、卫生间等区域,不留死角。

(4)在下课或下班后再进行消杀,关闭门窗,禁止将药液喷在桌面、食品和器具上。

(5)鼠药、蟑螂药投放处设置安全警示标识。

(6)消杀作业时提前告知。

(7)遇传染病发生时期,按照当地政府卫生防疫部门相关要求,结合现场实际情况及时完成消杀工作。

6.3.5 相关记录

(1)消杀作业记录见表6-1。

消杀作业记录表　　　　　表6-1

部门名称:

日期	范围	灭蚊蝇		灭蟑螂		灭鼠		消杀效果评估	消杀人员	监督人员	备注
		喷药	投药	投药	放药	装笼	堵洞				

填写说明:1.对当天已实施的项目及地点用"√"表示,未做的项目用"○"表示;2.环境主管负责监督填写此表。

(2)消杀作业检查见表6-2。

消杀作业检查表　　　　　表6-2

药物名称:

外委单位:　　　负责人联系电话:

解毒剂:　　　投放数量:　　　投放地点:　　　保质期:

序号	检查日期	点位状态	投放部位	检查情况			
				正常	丢失	损坏	更换
1		□正常□异常					
2		□正常□异常					

续表

序号	检查日期	点位状态	投放部位	检查情况			
				正常	丢失	损坏	更换
3		□正常□异常					
4		□正常□异常					
5		□正常□异常					
6		□正常□异常					
7		□正常□异常					
8		□正常□异常					
9		□正常□异常					
10		□正常□异常					
11		□正常□异常					
12		□正常□异常					
13		□正常□异常					
14		□正常□异常					

外委单位签字确认： 日期：

环境管理部门签字确认： 日期：

6.4 绿化养护管理制度

6.4.1 职责与权限

（1）绿化人员负责花木租摆和绿化养护服务工作，制定花木租摆和绿化养护服务点位图或分布明细表。

（2）环境管理部门制定花木租摆和绿化养护服务标准的日常管理。

6.4.2 环境部门管理

（1）环境管理部门按照合同/协议和《外委单位管理制度》对花木租摆和室外绿化养护服务工作进行评定和检查。

（2）根据实际情况填写《花木租摆与绿化养护工作记录表》《花木租摆检查记录表》《绿化养护检查记录表》。

（3）及时发现并处理工作中存在的问题。

6.4.3 巡视检查要求

1. 现场巡视检查内容

（1）仪容仪表；

（2）文明礼貌；

（3）工作纪律；

（4）操作规范；

（5）出勤情况；

（6）安全管理；

（7）垃圾管理。

2. 花木和室外绿地抽查

（1）花木租摆服务抽查内容：如果出现干枯、黄叶等影响观赏的情况，责令养护人员及时浇水、施肥、修剪、整形、病虫害防治、防冻保护等，以保证花木色泽鲜艳、枝叶饱满鲜亮、外形美观、无病虫害、无毒、无枯枝败叶、无杂草伴生等；如果花木发生病虫害、腐斑、枯枝等影响观赏的情况，应尽快更换或救治。

（2）对室外绿地养护服务抽查内容：如果草坪绿地植物出现杂草、枯死等现象，责令养护人员及时修剪、浇水等，以保证绿地植物长势良好；如果室外树木出现枯死、折枝、斑秃等现象，责令养护人员及时更换、修剪、施药等，以保证树木长势良好，树形美观；如有绿篱、花卉缺株、黄叶、积水等现象，责令养护人员及时补种、施肥等，以保证绿篱、花卉造型正常，生长良好（图6-10）。

图6-10　绿化人员绿化养护

（3）每月根据花木租摆和绿化养护服务标准所列花木的数量、品种、点位、规格等进行检查；对室外绿地、树木、绿篱、花卉标准进行检查；对病虫害防治、施肥施药安全管理措施进行检查。

6.4.4 日常服务标准

1. 花木租摆

（1）绿植、花卉的枝干枝叶无明显枯萎、株形自然匀称。

（2）叶面干净光亮、无灰尘脏污，无虫害，无残留害虫。

（3）株形美观自然，植株修剪及时、合理，无残枝、黄叶、枯萎、断枝、折枝。

（4）绿植、花卉修剪、浇水、施肥及时合理，摆放环境清新自然，施用肥料无毒、无刺激性气味。

（5）花盆、器皿干净整洁、无污渍、无杂物、无垃圾。

（6）及时更换损坏残缺的花盆套缸，现场无烂盆、坏盆。

（7）养护现场清理及时，花盆、底碟、套缸内无泥垢、脏水，地面洁净无污渍、无水渍。

（8）植物的底碟、套缸、花盆配套合理、美观大方，底碟、套缸、花盆的颜色搭配适当。

（9）提供花木租摆情况点位图或分布明细表。

2. 室外绿地

（1）草坪等地被植物长势良好，生长季节浓绿，目视平整，无明显杂草、枯死、破坏占用、积水、鼠洞现象，修剪后茎叶高度为5～8厘米，枯萎地被植物每1000平方米范围内累计面积不超过2平方米，枯萎地被植物每块不超过0.5平方米（图6-11）。

图6-11 校园绿化环境

（2）无堵塞、侵占消防设施及通道等行为。

（3）绿化设施完整，无明显破损。

（4）绿化产生垃圾按垃圾分类制度进行管理。

3.室外树木

(1)乔木长势良好,无枯死乔木,挽救濒临枯死乔木可只保留树干但须能见青皮,新移植乔木需保留部分树叶,修剪美观,无病虫害,无折损,无斑秃、灼伤,枝干无机械损伤,无卷、黄、异常落叶现象。

(2)灌木长势良好,修剪美观,无病虫害,无折损,无枯死、斑秃、灼伤,无机械损伤,无卷、黄、异常落叶现象;枯死灌木每1000平方米范围内累计面积不超过2平方米,枯死灌木每块不超过0.5平方米。

(3)虫咬叶片每株不超过20%,蛀干害虫株数不超过10%,树木缺株不超过6%。

(4)无特殊情况,树木无明显的钉栓、捆绑行为。

(5)古树及名贵树木应在树身适当部位设置树木名称等简介标识。

4.室外绿篱、花卉

(1)绿篱、花卉叶色、生长及造型正常,无明显缺株、死株和枯死枝,有虫株率不超过20%。

(2)无明显草荒。

(3)花木整形、修剪、补充及时且与环境协调(图6-12)。

图6-12 绿化人员绿化修剪

(4)枯死的花木及时得到更换。

(5)花坛植物长势良好,造型美观,无明显杂草、枯死、土壤裸露、破坏占用、积水、鼠洞等现象,时花长势良好,无残花、黄叶,无高出花面的竹签、杂草等,盆内无杂物,盆边干净无泥垢、无明显病。

(6)虫害、大叶花叶面无虫口,无缺水干旱现象,生长良好,单盆开残率2/3以上更换。

(7)病虫害防治作业避开人流高峰期,作业前提示告知,并采取必要的防护措施。

(8)对绿化用肥料、有毒药物的储存和使用严格控制,单独存放,储存环境要采取防护措施，每一次使用的去向、用量清晰，余量及时回收，无因管理失控导致的安全事故。

（9）无动植物水景水质清澈、无青苔，有动植物水景水质稍混浊，水底有少量青苔，水面无垃圾杂物，落叶无大量漂浮，无明显沉淀物。

6.4.5 相关记录

（1）花木租摆与绿化养护工作记录见表6-3。

花木租摆与绿化养护工作记录　　　　　　　　　　表6-3

部门名称：

（2）花木租摆检查记录见表6-4。

花木租摆检查记录　　　　　　　　　　表6-4

部门名称：　　　　　　　　检查人：

日期	时间	花木状态	花木数量	用药情况	操作规范	人员在岗	安全	备注

填写说明：按要求完成画"√"，完成但不符合要求画"○"，未作画"×"。

（3）绿化养护检查记录见表6-5。

绿化养护检查记录　　　　　　　　　表6-5

部门名称：　　　　　　　　检查人：

日期	时间	绿化带状态	树木状态	垃圾处理	操作规范	人员在岗	安全	备注

填写说明：按要求完成画"√"，完成但不符合要求画"○"，未作画"×"。

6.4.6 相关配图

6.5 垃圾分类管理制度

6.5.1 职责与权限

（1）经理负责统筹校园生活垃圾管理工作，将生活垃圾管理纳入学校全年工作计划，制定促进生活垃圾减量化、资源化、无害化的方法措施。

（2）主管负责组织落实经理确定的生活垃圾管理目标和校园生活垃圾源头总量控制计划，做好生活垃圾日常管理工作，指导校园内学生参与生活垃圾减量、分类工作。

（3）领班负责校园生活垃圾管理工作的沟通协调、巡视检查，对生活垃圾分类投放、收集、运输、处理和再生资源回收实施监督管理；部门员工应按照各自职责，相互协调配合，做好生活垃圾分类、收集、清运等相关工作。

（4）学校生活垃圾管理是各学校物业工作的重要职责，督促师生遵守国家和属地生活垃圾管理的规定，减少生活垃圾，承担垃圾分类义务，并对违反生活垃圾管理的行为进行监督。

（5）环境管理部门在从事生活垃圾清扫、收集、运输过程中按照作业标准及相关规定，提供安全并符合环境保护要求的服务。

（6）带头使用再利用产品、再生产品以及其他有利于生活垃圾减量化、资源化的产品，加强生活垃圾源头减量、分类管理的宣传教育，强化生活垃圾分类意识，倡导学生共同参与垃圾分类。

6.5.2 减量

（1）学生应该减少使用或者按照规定不使用一次性用品。

（2）编制学校采购计划过程中，在满足服务保障要求的前提下应优先选择可重复使用和再利用产品。

（3）在符合规定的前提下对老师推行无纸化办公，提高再生纸的使用比例。

6.5.3 分类

（1）学校根据需要设置厨余垃圾、可回收物、有害垃圾、其他垃圾四类收集容器。

（2）厨余垃圾：是指提供餐饮服务的单位在食品加工、饮食服务、供餐等活动过程中产生的食物残渣、食品加工废料和废弃食用油脂（是指不可再食用的动植物油脂和油水混合物）。

（3）可回收物：指在服务区域内，已失去原有全部或者部分使用价值，回收后经过再加工可以成为生产原料或者经过整理可以再利用的物品，主要包括废纸类、塑料类、玻璃类、金属类、电子废弃物类、织物类等。

（4）有害垃圾：是指生活垃圾中的有毒有害物质，主要包括废电池（镉镍电池、氧化汞电池、铅蓄电池等），废荧光灯管（日光灯管、节能灯等），废温度计，废血压计，废药品及包装物，废油漆、溶剂及其包装物，废杀虫剂、消毒剂及其包装物，废胶片及废相纸等。

（5）其他垃圾：是指除厨余垃圾、可回收物、有害垃圾之外的生活垃圾，以及难以辨识类别的生活垃圾等。

（6）学校宿舍楼在公共区域设置厨余垃圾、其他垃圾两类回收容器，并至少在一处生活垃圾交投点设置可回收物、有害垃圾收集容器。

（7）其他公共场所根据需要设置可回收物、其他垃圾的收集容器，也可根据实际需要配备厨余垃圾和有害垃圾的收集容器。

（8）可根据可回收物、有害垃圾的种类和处置利用需要，细化设置收集容器，并按照城市管理部门要求，采购规范的收集容器。

6.5.4 清运

（1）垃圾清运服务区域：按各学校具体情况自行制定。

（2）选择生活垃圾收集运输专业服务单位（包括取得从事生活垃圾经营性收集、运输许可的企业和承担环境卫生作业的事业单位）作为垃圾清运合作单位。

（3）建立《生活垃圾管理台账》，记录责任范围内实际产生的生活垃圾种类、数量、运输者、去向等情况，并定期向所在地的街道办事处或者乡镇人民政府报告。

6.5.5 操作要求

各部门自行将责任区域内的垃圾进行分类后运送至垃圾存放指定区域，环境管理部门负责对分类垃圾实行集中管理，各类垃圾分开处理。每日由环境管理部门员工配合垃圾清运合作单位完成清运。

1. 垃圾分类和收集

（1）厨余垃圾：按当地政府有关部门对厨余垃圾的收集标准与要求，将厨余垃圾运送至指定地点。

（2）可回收物：由环境管理部门员工负责每日将可回收物品处理完毕，日产日清。

（3）有害垃圾：按政府及公司有关要求处理。

（4）其他垃圾：由环境管理部门员工以垃圾袋扎口方式运送，运送过程中须将垃圾袋口扎紧，避免发生遗撒（图6-13）。

图6-13 校园垃圾分类

2. 垃圾清运和消毒

（1）每日完成对辖区所有厨余垃圾、可回收物、有害垃圾、其他垃圾的分类工作。垃圾清运过程中严禁散落地面，清运过程中应在指定区域作业。

（2）垃圾清运结束后负责各类垃圾桶及存放区域的环境卫生及消毒工作。

3. 日常工作管理

（1）垃圾分类管理工作应指定一个责任部门统一进行管理，一般为环境管理部门。

（2）垃圾存放区域消毒工作，由环境管理部门员工每日按时完成。清洁消毒应有序进行，消毒范围涵盖垃圾分拣区域、垃圾转运车辆及垃圾收集容器，清洁消毒频次符合相关管理规定，并做好相应工作记录。

（3）按照消杀作业规定的消毒剂和配制方法进行消毒。

（4）环境管理部门员工每日应完成服务区域内生活垃圾的处理，协助做好厨余垃圾的清运工作，在垃圾清运过程中，确保无超载、滴、漏、洒、溢现象，如果发生个别遗撒，立即进行处理。

（5）每日完成存放区域的清洁消毒工作，定期完成虫控消杀防疫工作，保证该区域的环境卫生达到质量标准。

（6）环境管理部门员工在工作中应严格遵守安全管理有关制度，保证垃圾房及指定垃圾存放点的安全、整洁，无明显积尘、异味，防止蚊蝇鼠害等滋生。

（7）在责任区域内发现各类异常情况及安全隐患，及时采取安全措施，整改隐患，并立即上报。

（8）每天由专人完成垃圾分类管理工作的检查；每日按各时间节点督查垃圾房及指定垃圾存放点消毒工作；每日下班前完成《垃圾安全环保日检表》所列内容的检查和填写，并签字记录。检查内容包括：垃圾分类、垃圾运送过程、日常消毒、人员在岗情况等，确保无安全隐患（图6-14）。

图6-14　工作人员垃圾清运

4. 驻场人员管理

（1）仪容仪表符合规范，统一着装。

（2）严格按照工作流程进行操作，遵守安全等规章制度，避免事故发生。

（3）对驻场人员的身份信息、健康情况采集存档，消除不安全因素。

（4）驻场人员因故离开时，需向有关部门报批同意。

（5）防疫管理：遇传染病发生时期，按照当地政府卫生防疫部门相关规定，开展垃圾收集、隔离、消毒等工作；根据政府和学校要求，做好特殊时期的信息统计、整理汇报、防疫消毒等工作。

6.5.6 相关记录

（1）垃圾清运记录见表6-6、表6-7。

垃圾清运记录表1　　　　　　　　　　　　　　　表6-6

部门名称：_____　　　　　　年　月　日

序号	类别	单位	数量	清运单位	清运车辆	清运人员	备注
1	可回收物	袋					
2	厨余垃圾	桶					
3	有害垃圾	袋					
4	其他垃圾	袋					

清运人：　　　　　　　　　　　　检查人：

垃圾清运记录表2　　　　　　　　　　　　　　　表6-7

时间：　　年　月　日

日期	时间	数量（车）	车型	车牌号	垃圾类别	环境管理部门确认	秩序部确认	清运人确认	现场清理情况

填表说明：表格中数量栏数字书写要求大写形式，例如，壹、贰、叁、肆、伍、陆、柒。

（2）垃圾安全环保检查见表6-8。

垃圾安全环保检查表　　　　　　　　　　表6-8

部门名称：_____

序号	日期及时间＼检查内容											
1	每日清洁，地面干净，无散落物、无污水、无污渍											
2	每日垃圾分类处理											
3	每日定时消毒											
4	每日清运时间、数量											

检查人：

第7章

校园公寓管理

校园公寓管理工作是学校教育和管理的重要组成部分，尤其对于寄宿类学校，学生长时间在学校内生活，公寓管理具有重要而特殊的意义。睡眠质量的好坏对学生学习的质量有着重要的影响，学生公寓作为学生休息的场所，其管理水平直接体现着物业公司的服务水平。本章从安全管理、生活服务管理、文化建设等方面对学生公寓的物业服务进行阐述，为寄宿类学校的公寓管理提出解决对策。

7.1 安全服务

7.1.1 职责与权限

（1）根据学校的分工（或对物业公司的委托）和安全工作的各项职能接口，开展学生公寓的安全管理工作。

（2）根据学生公寓安全管理的特点，将安全管理作为日常工作的重要组成部分，建立完善的公寓安全管理制度，对存在的各种安全因素进行识别和管理。

（3）开展有关安全设施、设备的巡检工作。

（4）学生公寓内有安全规定（或隐患）的场所，保持标识的完整性、正确性、清晰性，以保证人员能得到必要的安全警示和提示。

（5）开展常规性和专题性宣传教育，特别是开展消防、防盗、安全用电等方面的指导。

（6）定期进行学生寝室的安全检查。

（7）落实工作人员的安全职责和考核制度。

（8）建立并保持各类应急预案。

7.1.2 人员进出管理

1. 本楼（楼区）住宿学生的进出管理

要求超出规定时间进出公寓的学生通过刷卡或登记的方式留下记录，如果发生得比较频繁，宿舍管理人员要及时与学生沟通，了解情况。

2. 非本楼人员的进出管理

（1）非本楼人员的进出，有些是因私进出，也有些是因公进出。

（2）因公进出公寓楼的情况通常有：学校有关的教职工、与学校建立工作关系的第三方人员（例如，电梯维护人员、网络运营商工作人员等）、官方准许的参观人员等。

（3）因公进出的人员，经常进出公寓的学校工作人员（例如，负责学生公寓安全的保卫处工作人员、本楼住宿学生所在年级的学工老师等)往往规定无需本人登记，但值班员需要对此类人员的进出进行记录；其他人员需要核实身份进行访客登记。

（4）在允许因私来访者进入公寓的学校，通常会规定：允许访客来访的时间段，来访者是否允许进入寝室(有些学校规定来访者只能在会客区域逗留)，是否允许异性来访者进入，以及查验核实和登记的要求。由住宿学生陪同进入公寓的访客、楼区工作人员不熟悉的学校工作人员和物业公司工作人员，也应向其说明原因并要求其登记。

（5）为了避免工作中因不理解而造成矛盾，访客制度管理应该在进出口的门厅公示。

（6）访客登记表有以下内容：来访者姓名、证件及其号码、被访者姓名、关系、进入时间、离开时间，时间需登记到分钟。

（7）宿舍外来人员管理见图7-1。

图7-1　宿舍外来人员管理

7.1.3 学生公寓公共场所管理

1. 学生公寓公共场所

（1）学生公寓公共场所指在公寓楼（或公寓区域）内允许学生自由进出或在规定的时间内自由进出的区域。

（2）24小时开放的区域：门厅、走廊、楼梯道、电梯厅、电梯、公共盥洗室、公共卫生间。

（3）可能限制进出时间的区域：公共浴室、活动室、自修室，允许学生进出的地下室和屋面、平台，其中，公共浴室是否24小时开放，主要是运行成本的考量（例如，能耗、需人员看守等），而允许学生进出的地下室和屋面、平台限制进出时间主要是从安全角度考量的结果。

2. 学生公寓公共区域管理的主要工作

（1）对违反公寓管理规定的学生进行批评、教育，并将情况上报。

（2）对公共区域未经许可的占用、张贴、乱拉线情况进行清理。

（3）针对卫生习惯不好、浪费水电、影响他人正常学习和生活的现象进行通报整改。

（4）对巡视中发现的问题或学生的举报、反映，及时处理。

（5）检查公共区域设施设备和标识情况，发现损坏、遗失及时报修和修复。

（6）公寓区域内自行车停放的管理。

（7）空余寝室的管理。

（8）限制进出时间的区域的管理。

（9）门厅（公寓进出口）的管理。

7.1.4 活动室、自修室管理

在现场张贴活动室、自修室的管理制度，公示开放的时间。有些活动室可能需要经过申请才能使用，申请程序包含某些学生活动可能会要求"独占"活动室。申请的程序应该在活动室管理制度中写明，公寓工作人员在活动室使用前后做好相关工作。

7.1.5 学生公寓值班台的基本介绍

（1）大多数学生公寓的出入口均有类似门厅的设计，在门厅隔壁设有值班室，值班室的门或窗户通向大厅。

（2）值班室和作为出入口的门厅形成了一个值班区域，若值班员的日常大部分工作时间的位置在值班室，则需要安装值班室面向门厅的移窗以观察进出口的状况并与学生交流。为了能更贴近地服务学生，许多学生公寓在门厅设置了值班服务台。

（3）值班区域的基本工作内容有：人员、物品进出管理；门厅管理；接受报修；接受、处理学生帮助请求；提供方便学生的服务。

7.1.6 门厅管理

1. 门厅的规划

根据楼区门厅的结构特点、住宿学生的特点、公寓文化建设的需要、门厅（包括墙面）功能区的划分，对门厅的氛围布置、服务功能的布置、值班室（台）的布置、各类公示牌的布置进行规划。门厅规划宜结合学校设计的基本原则进行。

2. 值班室（台）的规划布置基本要求

（1）方便地观察到进出的人员和物品。

（2）能使学生方便地接受服务和办理事务。

（3）不妨碍进出。

（4）条件允许的情况下，宜将值班室与值班台分离，值班室不作为常规开放的公共区域。

3. 门厅文化氛围布置的原则

（1）格调温馨、雅致，文化气息浓郁。

（2）颜色时尚、亮丽，设计美观大方。

（3）布局合理、规整，学生社区特色明显。

（4）公示规范、明显，信息获取方便。

4. 门厅的各种标牌

（1）制度类：访客管理制度，钥匙借用制度，大件物品出门登记制度，违章（限用）电器的告示，以及学校要求的其他制度。

（2）服务指南类：楼区工作人员形象职务栏，报修流程，实体电话和网址、保卫部门和校医院电话，火警和匪警电话等，以及其他需要向学生提示的信息：开展的方便生活服务种类；天气预报；本楼的开、关门（包括门禁使用）时间；布告和临时宣传专设软木板区，为学校相关部门、实体粘贴发布各类通告提供方便；LED字幕机或平板电视机也是现在很常用的方式；可移动通知的白板、黑板等。也有些学校以固定专栏的形式公布本楼各个寝室的卫生检查。

5.门厅管理的注意点

（1）门厅里的各种牌（板、栏）应平整、整齐，无破损，无过时的信息。在门厅配置的方便生活服务设施，应保持设施的安全、适用。

（2）布置氛围用的设施（例如，烘托氛围的灯、横幅、装饰物、绿化等），应安装放置规范、安全、美观。

（3）门厅严禁乱拉线路、绳索。即使是临时性的布设，也应规范、安全。

（4）保持门厅的卫生、整洁。

6.钥匙借用或开门服务管理

借钥匙给学生，或由工作人员上门开锁。钥匙借用/开门服务的对象只能是在该寝室住宿的人员，借用钥匙时需确认借用人员的身份。严格的身份认证可采取以下的方式：

（1）相貌与住宿卡的照片相符或报出的学号与联网的信息相符（大多数学校的学生公寓值班台并不具备联网实时查询学生信息的手段）。

（2）若住宿卡照片模糊或不是近照，需身份证或校园卡信息与住宿卡信息统一。

（3）若借用钥匙时学生填写的信息与住宿卡不符，则不能通过身份核实。若可以确认是本楼住宿人员，但不能确认是本寝室住宿人员的情况下，宜采取陪学生上楼，开寝室门后请学生拿出钥匙开锁验证后（或隔壁寝室住宿的学生认其身份后）方可离开现场。

（4）需要工作人员提供钥匙借用/开门服务的，住宿学生应该在专用的记录上进行登记，登记应记录寝室号、姓名、借用时间和归还时间/开房门时间，时间的记录应精确到分钟。

7.1.7 学生公寓的巡视

1.学生公寓的巡视与防火巡查

公寓巡视的目的是发现各种不安全、设施的不适用现象（或隐患），劝导和制止违反管理制度的行为，处置治安方面的情况。对巡查记录的要求是："防火巡查填写巡查记录，巡查人员及其主管人员在巡查记录上签名。"这里需特别注意的是，主管人员也要求在巡查记录上签名。巡查的内容主要包括：

（1）用火、用电有无违章情况。

（2）安全出口、疏散通道是否畅通，安全疏散指示标识、应急照明是否完好，消防通道巡查（图7-2）。

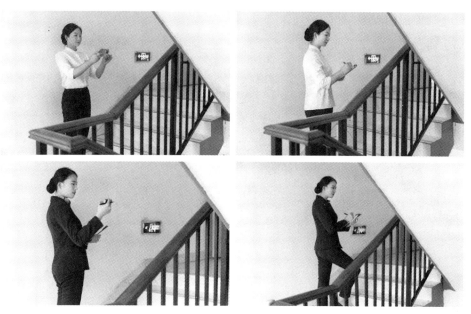

图7-2 消防通道巡查

（3）消防设施、器材和消防安全标识是否在位、完整；防火设施巡查（图7-3）。

图7-3 防火设施巡查

（4）常闭式防火门是否处于关闭状态，防火卷帘下是否堆放物品影响使用。
（5）消防安全重点部位的人员在岗情况。

（6）其他消防安全情况。

（7）宿舍巡查见图7-4。

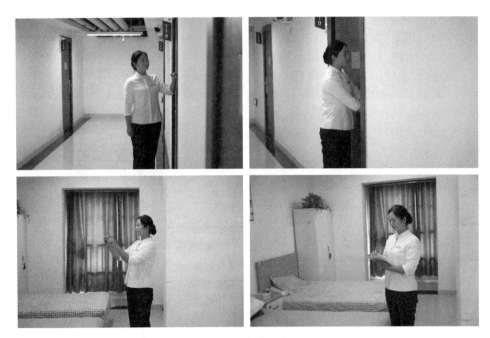

图7-4　宿舍巡查

2.巡视检查的安排

物业公司在安排巡视检查时，可以将防火巡查作为一项独立的工作事项，也可以将防火巡查的内容列入日常巡视的巡视表中，合二为一。为提高巡视检查的效果和效率，巡视检查人员的巡视检查频次和巡视检查内容进行有主有次的安排。所谓有主有次，是指对频次进行合理安排的基础上，每次巡视的内容可以有多有少。物业公司要将楼区巡视检查工作作为一项常规的管理活动，频次不宜过低。除了常规安排学生公寓日常巡视检查外，物业公司还要考虑以下的巡视检查：

（1）本阶段工作的重点（例如，迎新工作期间的专项检查）。

（2）因楼区的特殊性而需把控的特殊内容（例如，有电梯的公寓，需开展电梯的日点检）。

7.1.8　空余寝室的管理

1.空余寝室

空余寝室，是指目前、今后较长的一段时间内无人居住的寝室。一般由毕业离校、住宿调整、整体搬迁、未安排住宿等原因形成。这些寝室也没有学生的个人物品，简称为"空寝室Ⅰ"。也有因假期、外出实习等原因形成较长时间无人居住的空余寝室，简称为"空寝室Ⅱ"。学校对"空寝室Ⅱ"的"政策"一般有：

（1）寒假。正逢春节期间，学校一般采取"封楼"策略，需要留校的学生经过申请登记手续后，集中安排住宿。

（2）暑假。有些学校暑假学生公寓正常开放，与平时一样；也有的学校对需要留校的学生经过申请登记手续后，集中安排住宿。

2. 空余寝室信息

物业公司需根据学校有关假期、整体搬迁、实习等总体计划和其他安排确定空寝室。获取空余寝室的信息，是开展空余寝室管理的首要条件。通常，物业公司对收集、汇总"空寝室Ⅰ"的信息比较容易，掌握"空寝室Ⅱ"的信息相对困难。无论如何，物业公司需要随时掌握空余寝室的情况。社会化企业还要了解学校对"空寝室Ⅱ"的"政策"。

3. 空余寝室闭锁前的检查

空余寝室应处于锁闭状态。"空寝室Ⅰ"锁闭前，工作人员需确认该寝室的水、电、照明等是否处于切断状态，窗户（阳台窗户）处于关闭。有采暖的寝室，可根据节能的原则调低供热水平。锁门贴封条。"空寝室Ⅱ"锁闭前，物业公司要通过各种方式提示学生离寝前的注意事项，入室检查，必要时贴封条。

4. 日常检查

日常检查封条是否完整。对有学生回来过的"空寝室Ⅱ"，也安排事后的检查，并重贴封条。风雨季节对有开放式阳台的空余寝室进行检查，及时处理排水不畅问题。

5. 空层、空楼管理特殊要求

空层、空楼是指出现整个楼层或整幢楼均为空余寝室的现象。空层、空楼的管理除了上述空余寝室管理的事项外，还需关注：

（1）空层的楼层根据水电走向，尽可能关闭空层的水、电供应，断电可通过配电线路箱关闭通向各个寝室的开关；空楼应关闭水电总闸后封楼。公共照明电在通常情况下可不关闭。

（2）在关闭水电时特别注意，消防用水、疏散指示灯、应急照明灯、消防控制系统、监控系统严禁关闭。

（3）保持必要的巡视频次。

7.2 生活服务

7.2.1 生活服务提供和管理概述

学生公寓区域的方便生活服务通常有：微波炉加热、工具借用、常用非处方药品、洗衣房、开水房、浴室等。向学生提供的方便生活服务，其设施是安全、适用的。对下列情况应该注意予以公示和提示：

(1) 对在一定时段开展的服务，其开放时间段应该公示。

(2) 对收费的服务项目，应该依法进行价格公示。

(3) 对有潜在危险的区域，应该有警示警告标识。

(4) 对自助式服务的服务项目，应该提示使用方法和注意事项。

针对洗衣房、开水房、浴室、小超市的服务提供者，各个学校区别较大；服务提供者，有可能是学校相关单位"自营"的，也有引进社会企业经营的。

7.2.2 洗衣房、开水房的管理

1. 洗衣房的管理

学生公寓洗衣房通常有自助式服务和有人服务两种。自助式的服务，管理单位应注意的公示和提示是否齐全，预付式消费是否存在风险（例如，社会经营单位撤走，学生手上还有充值卡余额）、现场的管理检查等。有人服务的洗衣房服务注意事项：

(1) 学生洗衣物一般宜进行登记或发牌，防止出错。对一缸洗不完的衣物，应事先向送洗者说明。

(2) 洗涤前，检查待洗衣物，衣物里遗留的物品、现金，归还学生。

(3) 每次/桶洗衣前须对洗衣机进行清洁消毒。

(4) 每天对洗衣机进行外部擦洗，保持干净整洁及干燥。

(5) 不得与其他人的衣物交叉堆放，同缸洗涤，避免引起二次污染。

2. 开水房的管理

开水房的设置有集中的，也有分散的。集中设置的开水房通常有比较大的储水箱，通过蒸汽或电热元件加热产生开水。考虑到运行成本，这类开水房通常采用定时开放方法，其管理要点是：在开放时段，应保证开水的供应；保持地面无积水、无垃圾，现场有防烫伤的提示；设施的日常检查；定期进行开水箱的清理。分散式供应开水的，一般采用速热式开水器。分散式，就是将开水器安置在公寓楼的某

些具备上下水和大功率电气容量的部位，方便学生就近取用。其管理要点是：现场有防烫伤的提示；设施的日常检查；定期进行滤芯的清理和更换（图7-5）。

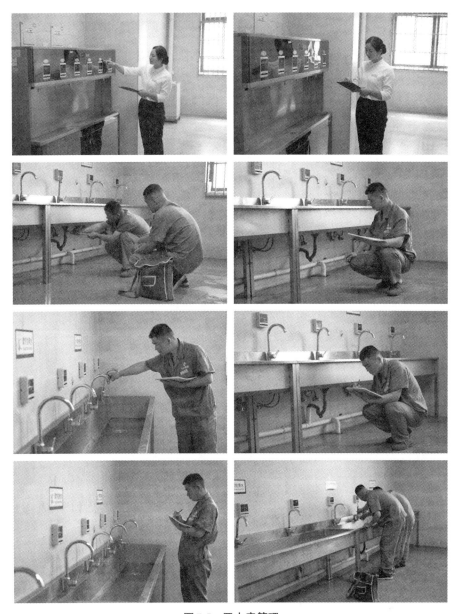

图7-5　开水房管理

7.2.3 公共浴室的管理

1. 标识和公示的要求

（1）公共浴室的开放时间需在入口处公示。

（2）若遇设施故障、设施检修、停水电暖而停止开放，需事先通知。

（3）上墙公示公共浴室使用注意事项。

（4）在公共浴室内的适宜位置张贴诸如"小心地滑""小心烫伤""浴后请带走自己的物品""请勿带入大额现金和贵重物品"等安全警示标牌。

（5）冷热水阀门标识或混水阀冷热调节方向的标识明显、准确。

（6）采用POS机刷卡收费的浴室，应说明扣费的标准。

2．设施的管理

（1）浴室进口处和窗户应该予以视线遮挡。

（2）更衣区应设置能上锁的衣物存放柜和凳（椅）。

（3）浴室内的电器符合防潮的要求，并可靠接地。

（4）地面防滑，无造成扭伤的不平整（包括地漏、明水沟的盖板）。

3．保洁

（1）保洁时间应避开洗澡高峰期。

（2）异性保洁员在确认公共浴室内无人使用的情况下，方可进入浴室打扫卫生。

（3）注意清理衣物存放柜中的垃圾杂物，以及地沟、地漏等处堵塞物的清除。

4．公共浴室现场管理（图7-6）

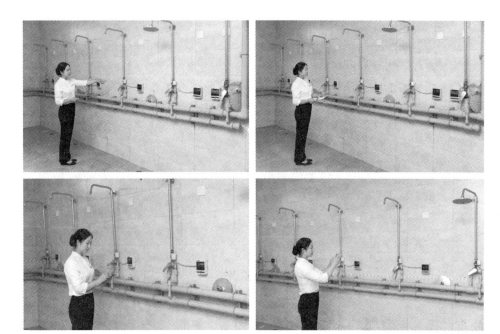

图7-6 公共浴室管理

7.2.4 便利店管理

1. 证照管理

（1）证照齐全。证照根据其商品的性质不同，通常包括工商营业执照、卫生许可证等。

（2）从业人员证件，包括身份证、计生证、暂住或居住证、学校出入证等校及相关执法部门要求的证件。

（3）工商营业执照登记的经营范围、经营地点要符合实际情况；证照、从业人员健康证需上墙公示。

2. 食品安全管理

（1）各类食品卫生须符合《食品卫生法》要求。

（2）经营操作场所、器具应具有相应的防尘、防水、防蝇、防鼠、防蟑螂设施，垃圾应袋装密封存放。

（3）经营范围包括制售直接入口食品（饮料）的，符合《食品卫生法》，所用的原材料、包装物应符合国家的相关卫生、质量要求。

（4）严格遵守卫生"五四"制度。

3. 环境管理

（1）货架排列整齐、整洁。

（2）不得扩摊经营。

（3）店内外卫生整洁，实行卫生三包责任制，垃圾随产随清。

（4）应对商铺的营业时间进行规定，保持整洁、宁静的环境，不得影响学校工作和学生的学习和休息。

4. 质量管理

（1）各类食品、果品保质保鲜，严禁贮藏或销售过期、霉变、有毒食品。

（2）有索证要求的商品（例如，食品、洗涤用品、卫生用品、电池等）采购应执行索证制度。

（3）不出售假冒伪劣商品、三无产品及学生公寓内限制使用的物品（例如，热得快），电器产品有3C认证，预包装的食品、饮料有QS认证。

（4）计量器具符合标准，无缺斤少两现象。

5. 价格管理

各类商品、服务项目明码规范标价。

6. 安全管理

（1）营业场所和仓库应有相应的防火、防盗等安全措施，按消防要求配备灭火器并保持其有效性。

（2）不得乱拉电线、超负荷用电；不得住宿及烧菜做饭，使用明火；每天结束营业后检查水、电、锁。

（3）不得出售、使用易燃易爆物品。

（4）营业场所和仓库的人员、物品进出，应该在公寓日常供住宿学生进出口之外（即不得在学生住宿区域进出）。

7. 投诉管理

管理部门应建立和公示投诉的渠道，并及时处理投诉纠纷，维护学生和经营者的合法权益。

8. 便利店管理（图7-7）

图7-7　便利店管理

7.3 关键时刻服务

7.3.1 迎新工作的基本原则

（1）与学校的整体迎新计划相协调，与学校相关部门密切配合。

（2）准备工作充分，各项工作要周密、到位。

（3）迎新工作要做到安全、有序、方便、热情。

（4）制定具体实施方案，并认真落实。

7.3.2 学校迎新工作的接口与信息交流

物业公司宜就以下事项与学校相关部门明确工作接口或要求，并获取相应信息：

（1）随录取通知书发放的有关公寓方面的资料（有些学校为了使新生了解学生公寓的基本情况，避免入住高峰期填表拥堵，往往会将一些与学生公寓有关的资料随录取通知书发送给学生）。

（2）新生住宿安排的信息。

（3）入住资料（即学生凭什么资料可以办理公寓入住——有些学校凭录取通知书即可，有些学校则要求办理相关的缴费手续后办理入住手续）。

（4）学校迎新的总体安排及物业公司的任务。

（5）各种信息的沟通联络渠道（联络人）。

（6）各类（的）押金或水电预充值的收取。

7.3.3 迎新准备

1. 工作的分工与安排

物业公司根据学校的总体安排和各个部门的工作接口，对迎新工作做出安排，并指派工作人员（含学生助管员）的具体分工。迎新工作期间，一般可分为宣传后勤组、报到接待组、行李搬运发放组、设施保障组等。

2. 卧具包的准备

很多学校引进经过挑选的厂商，在报到现场为学生提供卧具包的售卖服务。因此，确认合格的供应商的工作应该提前进行。可通过有效的沟通渠道使需要订购卧具包的新生需求得到确认并进行统计，进行场地准备。不应该强制学生购买学校认可的卧具包。

3. 设施检查及准备工作

在新生报到之前，物业公司应该对新生入住公寓的床位、寝室（含独立卫生间）及公共场所进行检查核对，并进行必要的卫生整理。主要核查以下设施及其功能是否完好齐备：家具、电扇、水电、门、窗、锁、钥匙、窗帘、卫浴器具、床位号标识；采用传统水电表的还应该核对水电表的原始读数。

4. 住宿资源的确认

物业公司在新生入住前，应该再次核实住宿安排和可用的住宿资源之间是否存在出入。

7.3.4 氛围布置

（1）横幅、宣传板，需要事先确定数量，规格（包括长、宽、底色、字体颜色、材料选择等）、内容、具体悬挂地点和悬挂方式。

（2）设立新生信息专栏，集中发布新生相关信息。

（3）板报以"欢迎新生"为主题，烘托气氛。

（4）灯笼、彩旗、花卉等布置，因"楼"制宜。

7.3.5 现场准备

（1）住宿信息公布：将新生的住宿信息进行张贴公布，以方便新生和家长查询。

（2）服务展示：将学生公寓的服务以宣传资料、展板等形式在报到现场进行展示，以增加新生和家长对学生公寓管理服务的了解。

（3）咨询点：现场为新生和家长解答问题。

（4）办理点：办理入住手续，设置的接待位应考虑到入住手续"高峰期"如何尽可能减少新生的等候。

（5）服务点应有明显的标识（例如，挂横幅）。

7.3.6 门厅管理

（1）新生及家长进出需凭入住凭证或者有效证件。

（2）原则上大件物品只准进不准出，如果要出门，需进行查询。

（3）严禁推销人员进楼。

（4）应注意随时疏导，不可让大量人员滞留门厅，以防造成阻塞。

（5）所有与迎新工作有关的人员（包括学生助管员、老生志愿者）应佩戴工作证。

7.3.7 巡视

（1）注意可疑人员，提醒同学随手关门。

（2）加强夜间巡视，提示睡前关好门窗。

（3）注意用电安全，杜绝明火，特别是蚊香等物品的规范使用。

（4）在巡视过程中，解答、解决或记录新生提出的问题。

7.3.8 毕业生离校工作的基本原则

（1）工作计划、工作内容、责任人、时间（或大致时间）应明确。

（2）对毕业生关心的事项预先告知。

（3）场地、设施、程序、工作人员的安排以方便毕业生为原则。

7.3.9 信息沟通

在毕业生离校工作开始前，需与学校相关部门明确毕业生退宿工作在整个毕业生离校工作中的业务关联。特别要注意了解补考、延期毕业和毕业生活动的安排，避免规定了最后离校时间，但学校还有活动安排的情况。

毕业生离校工作的一般内容：

1. 前期工作

（1）氛围营造的安排。

（2）毕业生留言、联谊、座谈会的安排。

（3）核实毕业生名单。

（4）毕业生离校退宿过程中与学生有关事项的告知（例如，检查寝室设施，水电费的结算，延期离校登记以及手续的办理，安全提示，办理离寝手续的时间、地点、流程，提供的服务，寝室设施的状况确认，注意事项等）。

（5）设计和准备各种表单（例如，毕业生名单、水电费用收取单、毕业生离校确认单、毕业生临时延长住宿名单、留校住宿名单、物品代管单、专用章等）；工作人员走访毕业生寝室，开展寝室设施的检查，各种费用的收缴，并询问是否有毕业生延期离校。

（6）准备毕业生离校用的纸箱、麻绳、封箱带、记号笔、免费饮用水等服务项目。

（7）行李托运单位，为其指定服务摊位，就近为毕业生提供托运服务。

（8）准备因延期离校的毕业学生住宿、行李代管所需的房源。

2. 后期工作

（1）统计尚未办理离校手续的毕业生名单，检查是否还有办理了手续但仍未离寝的毕业生。

（2）管理人员或楼长安排腾空寝室的卫生扫除，处理遗弃物。

（3）检查室内设施状况，统计报修（安排大修的公寓楼除外）。

7.3.10 寒暑假期工作的注意事项

1. 总体工作考量

（1）物业公司在放假前，根据学校总体工作计划做好人员、事务的合理安排，确保假期安全、平稳过渡。

（2）在假期有公寓整修、公寓新家具安装工作时，物业公司根据学校安排做好相应的现场管理工作。

（3）假期时间较长的，物业公司可合理利用假期时间开展员工培训、设施设备检修维护、集中保洁等工作。

（4）假期结束之前，提前规划好相关的开学准备工作。暑假期间会涉及部分毕业离校后续及迎新准备工作，对此做好合理工作安排。

2.假前工作安排

（1）物业公司可根据学校对假期管理工作的要求，结合留宿人员的数量决定（或建议）是否实行集中住宿安排。若调整日常服务频次和要求的，需制定与之相对应的假期管理方案。

（2）若假期进行封楼管理的，提前将封楼的相关信息及紧急进入的方式以通知的形式告知。若假期对住宿学生实行住宿申请和集中住宿的，要提前告知学生住宿申请手续、假期住宿注意事项等信息。

3.安全管理

（1）因为假期，学校的教职工、物业公司的工作人员往往处于放假或轮休状态，所以假前需强化对假期上班的工作人员安全管理意识，熟悉事件报告制度和熟练掌握相关应急处理流程，发生紧急情况时按照相应程序及时报告和应急处理。

（2）实行集中住宿管理的楼宇，加强对住宿楼的假期管理，尤其重视安全巡视、访客、物品进出、钥匙借用/开门服务等细节的管理。

4.节能及工程设施管理

假期在校人员数量与平时相差较大的，物业公司可考虑是否对大型设备的工作时间和能源供给范围进行适当调整，以节约能源。寒暑假等时间较长的假期可安排如下与工程及设施管理相关的工作：

（1）开展设施设备检查保养。

（2）协助处理楼宇大修或专修工程。

（3）寝室内家具及其他设施的安全性检查及修理。

（4）若水路、电路具体去向不明确，各种控制标识不完善的，可利用假期进行各种标识的完善和准确性验证。但在进行验证操作之前，应判断此项工作的影响范围，并提前告知可能受影响人员。

（5）寝室设施管理见图7-8。

图7-8 寝室设施管理

5.寝室假期管理

物业公司要安排管理人员值班,值班人员应保持24小时通信畅通。工作人员在假期实行轮休的,轮休前将与岗位工作相关的、需在岗人员协助完成的事情交代清楚(图7-9)。

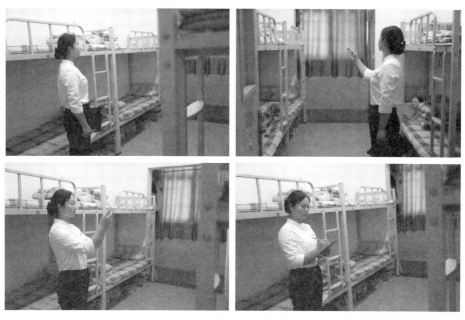

图7-9 寝室假期管理

7.4 工作流程

7.4.1 新生住宿管理流程

新生指当年新录取的学生,新生住宿管理流程指公寓管理部门按服务规范为当年新录取的学生办理入住手续的过程或程序,具体工作内容参照表7-1和图7-10所示:

(1)新生住宿管理工作内容。

新生住宿管理工作内容　　　　　表7-1

工作步骤	工作概况	工作内容
步骤一	新生方案确定	1.年级组整合宿舍; 2.公寓管理中心进行空宿舍和空床位统计; 3.中心将统计结果反馈年级组; 4.年级组将新生安排方案反馈中心
步骤二	各项设施到位	1.公寓值班员对宿舍设施设备损坏情况进行统计; 2.公寓维修人员进行维修养护,确保新生正常入住
步骤三	入住手续办理	1.新生到迎新点进行报到; 2.缴纳相关费用; 3.领取床上用品; 4.学生到分配公寓办理入住手续
步骤四	管理人员更新数据库	1.楼管会学生手工进行公寓住宿学生信息登记; 2.将登记信息录入数据库; 3.进行信息核实; 4.核实无误后,更新数据库

(2)新生住宿管理流程。

7.4.2 学生退宿管理流程

学校规定,学生禁止无故到校外居住。退宿管理不是公寓管理中心一个部门的工作,涉及学生的安全和思想教育等问题,应该由学生处、后勤处和各年级组共同管理,退宿流程要做到仔细审查,严格审批。具体工作内容如表7-2和图7-11所示:

(1)学生退宿管理工作内容。
(2)学生退宿管理流程。

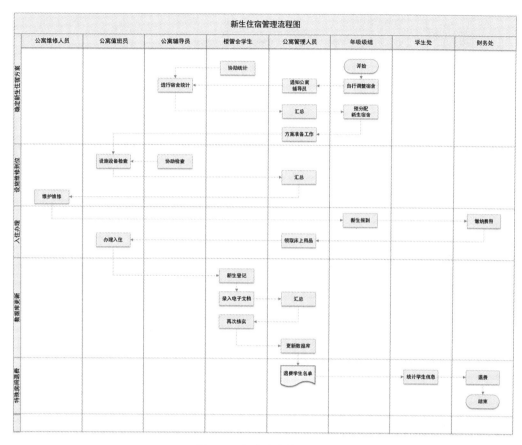

图 7-10 新生住宿管理流程

学生退宿管理工作内容 表 7-2

工作步骤	工作内容
步骤一	1.个人提交退宿申请； 2.退宿类型： ①走读退宿；②实习退宿； ③护校退宿；④入伍退宿
步骤二	学生本人向年级级组提交退宿申请相关材料，交由所在年级级组审核。主管学生工作的级长审批后，申请表上签署年级级组意见
步骤三	学生持相关证明材料到学生处进行审批，申请表上签署学生处意见；学生再持相关资料到后勤管理处签署意见
步骤四	公寓管理人员对材料进行审核，将证明文件进行存档，开始办理退宿手续
步骤五	公寓管理人员通知公寓值班员和公寓辅导员学生退宿信息，并监督学生将有关个人物品清空，钥匙交还公寓值班员
步骤六	物品清空完成，由公寓辅导员上报公寓管理中心
步骤七	公寓管理人员更新数据库

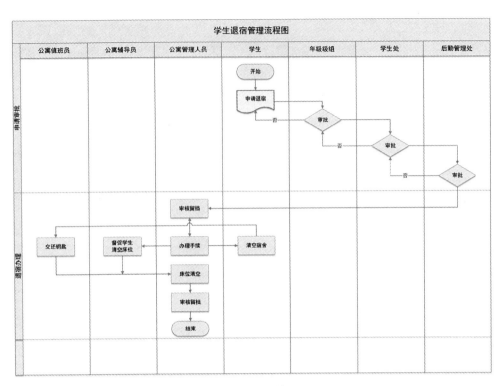

图7-11 学生退宿管理流程

7.4.3 公寓维修养护管理流程

学生公寓的设施设备使用过程中，可能因为种种原因出现损坏的情况，影响设施设备的正常使用和学生住宿服务质量，公寓管理中心日常维修服务对各种设备的及时维修养护十分重要。日常维修养护包含的内容主要是与学生生活紧密联系的服务和安全方面的问题，例如，水龙头损坏、电扇故障、宿舍内家具的破损以及建筑上的安全问题。这些维修项目和学生的生活息息相关，对他们生活上的影响也比较明显，设施设备一旦出现故障或损坏，公寓中心应该立即组织维修。具体工作内容如表7-3和图7-12所示：

（1）公寓维修养护管理工作内容。

公寓维修养护管理工作内容　　　　　　　　表7-3

工作步骤	工作概况	工作内容
步骤一	报修信息的获取	1.学生发现设施设备损坏后直接到公寓值班室进行报修，报修时公寓值班员详细记录宿舍房间号、故障设备种类、故障描述、报修人等信息。 2.公寓工作人员在日常工作中，发现设施设备故障，并记录下详细的相关信息

续表

工作步骤	工作概况	工作内容
步骤二	报修信息的处理	公寓工作人员到故障部位进行查看,并对报修情况进行分析,属于简单维修(更换灯泡、灯管、水龙头等小型维修)组织本公寓员工进行维修,属于难度较大或技术较高的维修,向物业部门进行反馈
步骤三	组织维修	公寓维修相关人员对接收的维修信息进行分析,属于紧急维修,立即组织人员进行维修;属于一般性维修,根据现有状况进行维修,做到及时性原则
步骤四	实施维修	维修人员现场查看后,如果由于自身技术原因不能尽快解决发生的故障,则立即联系校内其他部门或社会维修单位进行抢修;如果是自身可以解决的故障,则立即开展维修工作。坚持经济、合理使用的原则,在保证使用功能的前提下,注意节约修缮费用,换局部配件可以解决的,不换整体结构,同时修理及更换应坚持与原有配件型号、规格保持一致
步骤五	修复检验	修复完毕后,由报修人进行确认和检验,检验合格,所在公寓在维修记录上进行详细记录。未能完成的维修项目注明原因并向报修人进行解释说明
步骤六	电话回访	维修结束一周的时间,维修人员以电话形式向报修人进行回访,征求对方意见,并在《维修工作记录表》上进行记录。如果维修部位还存在同样问题,则进行重复维修

(2)公寓维修养护管理流程。

图7-12 公寓维修养护管理流程

7.4.4 公寓内务检查管理流程

学生内务检查管理以学生卫生检查工作为主,以查代管促进学生室内卫生清洁,营造良好的生活环境,充分发挥公寓的育人功能。具体工作内容如表7-4和图7-13所示:

(1)公寓内务检查管理工作内容。

公寓内务检查管理工作内容　　　　　表7-4

工作步骤	工作内容
步骤一	公寓辅导员在日查表上填写基础信息,如将宿舍号写在对应的表格中
步骤二	公寓辅导员到值班室领取钥匙
步骤三	公寓辅导员携带两名楼管会学生进行现场检查
步骤四	根据相应的评分标准,将分数填入相应的表格里,此工作每周进行两次,分数为两次成绩的平均数
步骤五	填写周查表,将成绩再次按照院别登录到周查表
步骤六	每周五晚上将内务成绩计入文明班评分
步骤七	下周一,将周查表上交到公寓管理中心
步骤八	公寓管理人员,再次将各公寓内务分数汇总到excel电子表中
步骤九	汇总完成,发送一份至年级组查看,一份电子版留存,以备查询。纸质日查表进行留档备案

(2)公寓内务检查管理流程。

7.4.5 公寓安全检查管理流程

学生安全是公寓一切服务管理的基础,加强学生公寓违规用电检查,保障学生生命安全。具体工作内容如表7-5和图7-14所示:

(1)公寓安全检查管理工作内容。

(2)公寓安全检查管理流程。

7.5 文化建设

(1)从客观角度分析,学校学生公寓在硬件和软件建设方面的发展程度如何,会直接关系到学生培养、学校进步的程度。

(2)若在实际教育工作中,缺少对于学生公寓文化建设的关照,则显然会产生一些既不利于学生,又不利于学校的弊端与问题。换句话讲,当处于特定时代的、

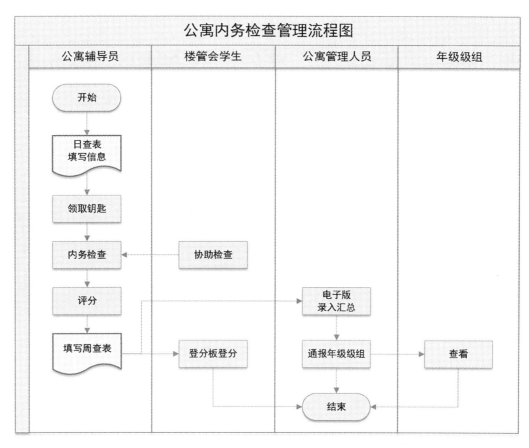

图7-13 公寓内务检查管理流程

公寓安全检查管理工作内容　　　　　　　　　　　　　　　表7-5

工作步骤	工作内容
步骤一	公寓辅导员填写安全检查表基础信息
步骤二	公寓辅导员值班室领取钥匙
步骤三	公寓辅导员携带两名楼管会学生进行实地检查
步骤四	根据相关文件，将各违规情况进行记录，并进行相应处理
步骤五	检查完成将不同违规情况进行分类
步骤六	按照违规类别、宿舍号、院别、检查日期，汇总到安全检查上报表中，一式两份，一份上报公寓中心留档，一份自行留档
步骤七	公寓管理人员电子汇总安全检查内容，一份发到学生处，请求处分，一份通报到年级级组

环境的背景下，展开学生公寓文化建设创新方面的思考，则可以在健全服务体系、解决相应问题方面谋求出路，给学校、学生协同发展提供机会。

（3）学校学生公寓文化一方面和学校自身管理水平、相关制度等相关，另一方

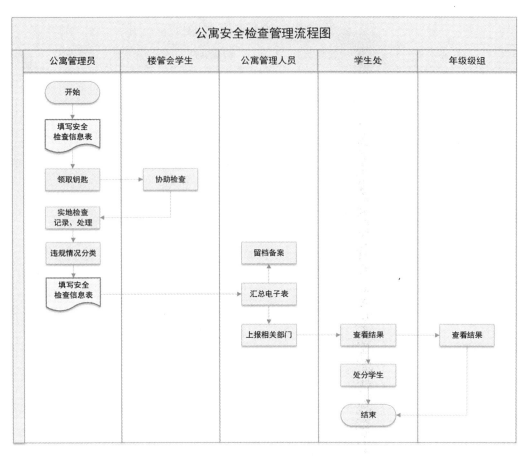

图7-14 公寓安全检查管理流程

面也会受到学生住宿、学习、娱乐活动影响；一方面可体现出硬件物理功能，另一方面也会折射出教育功能、品牌形象、文化价值等。

7.5.1 文化建设创新价值

1.公寓文化建设创新是校园文化建设创新组成部分

学校校园文化对于学校建设而言，是一种在长期积累后产生的特定环境氛围，它可以全面显现出学校的内在精神魅力，对于提升学校品位、促进学生成长意义重大，应该说校园文化建设创新在时代变革中演变为一项必然性要求。而学校公寓文化建设创新则理所当然地成为学校校园文化建设创新工作的重要内容。一般认为学校公寓文化建设创新可从特定角度促进校园风气形成、校园文化发展，而这也很合理地显示出学校公寓文化建设创新的实用价值：以公寓个体角度促成学校整体文化格局的优化。

2. 学校学生习惯养成的重要抓手

学校公寓文化的约束功能、引导作用已经被大量教育学者与实践者所共同探讨，并形成了接近统一的认知。在此前提之下，公寓文化创新建设可显现与时代同步的特点，有效带动在校生在生活上塑造良好习惯。具体言之，身处公寓之中的成员，从不同地域汇集到一起，他们的性格、习惯与风俗习惯迥异。若想使这些成员享受舒适与和谐的生活环境，则必然需要其在平时作息、行为习惯方面达成默契。学校进行公寓文化建设创新的探索，可在一定程度上让学生的这方面要求被满足，使之在样板宿舍创建、文明宿舍评选等创新方式的支持下，实现习惯的转变与适应目标。

3. 学校思想政治工作推动的关键载体

经过创新建设之后，优质公寓文化环境会给学生身心健康带来正面陶冶，让学生具有积极的思想品质，而这是学校思想政治工作进行所要有的必然载体功能。实践中，从不同学校、不同专业学生特点出发，借助创新化形式开展公寓文化建设工作，所获取的思想政治教育效果，也往往具有更强的针对性及实效性。通过教师走访学生公寓的做法，能够深入了解学生在思想政治方面的动态，推动学校思想政治工作的开展。

7.5.2 文化建设创新具体举措

1. 突出文化建设的精神引导

对公寓文化建设和创新工作来讲，精神文化建设是核心与灵魂。在工作实践当中，管理者要将社会主义核心价值观当作精神文化的核心组成部分，并利用有效策略落实传承，使之在学生公寓精神文化建设创新方面展现出引领作用。例如，可以开展丰富多彩的、基于社会主义核心价值观的主题活动，在此期间保证线上教育与线下教育融为一体；以重大事件、重大纪念日为契机，在公寓范围内开展相应活动，对爱国主义、集体主义等进行宣传。工作期间除直接进行社会主义核心价值观教育与引导工作之外，公寓若想突出文化建设的精神引导，还要将与主流价值观相统一的传统文化内容融入其中，也就是以坚持正面启发引导、提升学生文化自觉为己任，帮助学生有效适应世界多元化文化格局。主动分析问题、解决问题，以因人而异、因事而化的态度，宣传普及优秀文化在当代所具有的显性与隐性价值，在公寓范围内强化学生文化自信心、文化自豪感。

2. 突出文化建设的制度作用

学校需要展现出公寓工作中的规章制度作用，让文化建设工作拥有制度基础保障。通常来讲,将学校的管理规章制度做到更加科学规范,对于公寓文化建设创新而言,是无法规避的一项要点,尤其是在网络环境下,完善网络工作制度方面的内容,将会以更强的影响力施加于公寓管理。为此学校需要站在公寓管理的角度,文化建设管理的客观需求开始,制定基本的规章制度,让管理者和建设者有章法地开展工作。首先,学校需要在客观环境变化时,对制度进行适度修正与优化,以此确保学生可以在遵守和配合制度时,获得更大的进步机会。其次,学校还强化制度建设层面的学生公寓行为档案建设管理,并充分借助有效的综合评测机制,使档案内容发挥出文化建设作用。

3. 重视文化建设的自我管理

学生公寓文化建设期间无法忽视其主体作用,因此强化学生的自我管理能力将成为未来的一项工作重点。受此观念影响,首先,教育者需关注新近入学学生,引导其在公寓文化生活中自主形成配合基本制度的"自治"制度,也就是共同规划建立与每个宿舍相适应的规章,相互约定共同遵守,像作息时间、卫生值日等计划均属此类。其次,可考虑指导建立"自主管理委员会",在委员会内,主要负责人均为学生,学院指派的教师则担负辅导职责,以学生为中心处理公寓的卫生工作、安全工作、文化活动等。再次,可在公寓内部安排多级学生干部体系,用于及时反馈学生思想动态。最后,学校以学生直接参与、主动负责的社团为依托,进行各类校园文化活动的实践尝试,引入学生喜闻乐见的、具有浓厚兴趣的内容,像公寓文化节、公寓游园会等,借此改善学生的公寓文化环境。

4. 拓展文化建设的活动宽度

丰富学校公寓文化活动,拓展活动的宽度,是文化建设创新的未来出路。为此,学校可以借助多种形式,突破既有文化建设的局限性和藩篱。首先,举办公寓文化节是近年来部分学校尝试后证明有效的做法,该做法实施时,学校给予足够的政策或资金支持。各年级则可立足于本年级工作实际,筹划进行具有一定特色的、符合专业特点的且与公寓发展要求相符的文化活动。其次,为了拓展文化建设的活动宽度,学校需要以公寓为中心,丰富活动内涵,形成具有标志性特征的活动品牌,用于推动学生日常公寓文明行为的养成,像文明宿舍评选以及安全教育、礼仪教育、公寓汇演等做法都可成为校园公寓文化建设的抓手。与此同时,像与传统节日、纪念日相结合的摄影、漫画、朗诵等形式的开展也均值得倡导。再次,及时对创新活动加以总结,让一段时期内的优秀活动经验,在总结后拥有持续推进与向外推广的可能性,像表彰公寓工作先进集体、突出个人的做法非常具有代表性。

第 8 章

校园食堂安全卫生管理

食品安全是关系国计民生的重要问题，对于寄宿类学校更是如此。数量庞大的学生集中在学校就餐，一旦食堂原材料采购、食材加工等环节出现问题，极易引发食品安全事件。本章从食堂安全卫生管理的角度出发，从食堂原材料采购、存储、加工、检测等环节入手，提出学校食堂安全卫生的管理方法，以期为学校学生的健康饮食保驾护航。

8.1 食品安全管理职责

8.1.1 食品安全概念

1. 食品的概念及特点

（1）食品：是指各种供人食用或者饮用的成品和原料，以及按照传统既是食品又是中药材的物品，但是不包括以治疗为目的的物品。

（2）基本要求：保证营养性、保证感官性、保证安全性。

2. 食品安全的概念及特点

（1）食品安全：是指食品无毒，无害，符合相关营养要求，对人体健康不造成任何急性、亚急性或者慢性危害。

（2）特点：食品安全的复杂性、特殊性、相对性、动态性。

3. 食物中毒的概念及分类

（1）食物中毒：是由于摄入了含有生物性、化学性有毒有害物质的食品或者把有毒有害物质当作食品摄入后出现的非传染性的急性、亚急性疾病。

（2）食物中毒的分类：细菌性食物中毒、化学性食物中毒、真菌性食物中毒、有毒的动物性和植物性食物中毒。

4. 食品安全体系的概念及范畴

（1）食品安全体系：是指通过建立健全严密的食品安全管控体制和食品安全监管机制，通过关键环节控制分析（HACCP），严格落实企业的食品安全管控标准，引用PDCA（Plan Do Check Acti的缩写，是一种管理方法）闭环管理持续提升企业食品安全管控，最终实现食品安全"零事故"，夯实企业管理基础。

（2）食品安全管理范畴包括：食品安全管控体制、食品安全管理标准、食品安全监管机制、食品安全风险预警、食品安全教育培训、安全事故应急处理、食品安全管理人员绩效考评。

8.1.2 食品安全目标

（1）总目标：全面提升团餐项目现场管控水平，确保食品安全"零事故"。

（2）总要求：团餐项目要通过对员工工装仪表、标识看板、现场操作行为、礼仪服务、制度运行和公共环境的规范，确保现场管理达到：工装整洁、地面干燥、物见本色、定位合理、操作有序、现场洁净。

8.1.3 食品安全管理工作职责

1. 单位负责人安全工作职责

（1）负责本单位年度安全目标的制定、分解、组织和实施，持续强化公司的安全责任意识。

（2）定期召开公司层面安全工作会议，组织安全培训、讲评、部署安全工作。

（3）负责对食品安全管理工作的监督、检查和指导，确保食品安全"零事故"。

2. 区域负责人安全工作职责

（1）负责项目部年度安全目标的制定、分解，持续强化全员安全责任意识。

（2）加强与整改不力的项目负责人进行思想沟通，督促限期整改；建立黑名单项目负责人的约谈制度，重点帮扶、督促限期整改。

（3）重点关注外包业务、负责人岗位调整、员工不稳定项目的现场规范，对季节交替、炎热潮湿等特殊时期加强安全监管。

（4）负责定期对本单位各餐饮中心项目部督导安全工作。

（5）重点关注增量项目安全工作，及时建立作业流程，合理进行人员分工，强化员工安全知识培训。

（6）定期与本单位考核人员沟通，及时组织整改考核反馈的安全隐患问题。

（7）参加食品安全管理部门定期安全例会，重视、支持、引导质检工作的开展。

（8）负责制定食物中毒应急处理预案，发生食物中毒或疑似食物中毒、重大人身安全事故，立即（不超过2小时）上报公司，不得隐瞒、缓报、谎报。

（9）认真落实上级单位下发的各项安全工作的指示要求。

3. 项目负责人安全工作职责

（1）项目负责人是学校食品安全管理的第一责任人，全面负责学校的食品安全管理工作，确保学校食品安全管理特别是食品安全"零事故"。

（2）认真学习国家食品安全法律法规，了解驻地监管部门相关法规政策和上级单位相关食品安全管理制度，熟知餐饮业关键环节控制点，接受监管部门检查，详细记录并认真整改、反馈每次检查发现的问题。

（3）负责学校团餐年度安全目标的组织和实施，持续强化全员安全责任意识。

（4）每周召开至少一次全体员工安全工作会议，组织安全培训，部署安全工作。

（5）对原材料验收、冰箱管理、成品验收、分餐、闭餐检查等关键环节进行检查。

（6）闭餐检查完毕后，部署次日生产和安全工作。

（7）支持食品安全管理工作，对各级食品安全管理人员反馈的问题要及时组织员工整改、落实。

（8）认真落实周卫生大清理、安全周检、周评比工作。

（9）负责项目会餐、加餐、中高考等特殊保障食谱的制定与审核，并逐级上报，严控生产加工全过程。

（10）高度关注季节交替、炎热潮湿等特殊时期的食品安全监管工作。

（11）了解学校方面食品安全相关细节要求，并积极落实。

（12）负责人全程陪同第三方检测人员，详细记录、认真整改、及时反馈整改结果。

（13）负责落实食物中毒等突发事件应急处理预案，发生食物中毒或疑似食物中毒、重大人身安全事故，立即（不超过2小时）上报单位项目部及单位负责人，不得隐瞒、缓报、谎报。

（14）认真落实上级单位下发的各项安全工作的指示要求。

4.单位食品安全管理部门负责人工作职责

充分发挥"监督、检查、指导、培训"职能作用，确保本单位食品安全管理特别是食品安全"零事故"。其职责：

（1）负责制定本单位《年度食品安全工作计划》，并按计划开展工作。

（2）负责对单位各项食品安全管理制度、标准和办法改进建议和措施的审核评定。

（3）负责企业内部质量ISO9001、环境ISO14001、职业健康安全ISO45001、食品安全ISO22000、危害分析与关键控制点管理（HACCP）等体系的认证、年审。

（4）负责对各级管理人员进行食品安全培训工作，引导和提升各级管理人员的安全意识、规范意识、标准意识。

（5）每月召开一次质检例会，对质检员进行思想教育和业务培训，总结、部署质检工作。

（6）认真学习国家食品安全法律法规和物业公司食品安全管理办法及相关管理制度，熟知餐饮业关键环节控制点。

（7）负责与专业权威人员进行交流，汲取业内优秀的管理经验，优化单位内部食品安全服务体系。

（8）加强沟通，听取工作建议，正确指导食品安全管理部门工作，协调相互关系。

（9）主持食品安全事故的调查和应急处理，制定部门工作预案和预防措施。

（10）负责制定重大活动食品安全保障方案。

（11）制定质检员考核办法，每月对质检员进行综合考评。

5.项目部食品安全部门负责人工作职责

（1）负责本单位的食品卫生安全工作统筹和管理。

（2）根据本单位食品安全情况，制定《食品安全工作计划》。

（3）每月召开一次项目负责人例会和质检员食品安全培训会，会议结束后填写并上报《会议记录表》。

（4）坚持每周五天基层检查工作制，监督、检查、指导项目各加工环节，及时上报巡检情况；对餐厅自检问题、食品安全管理部门巡检的问题进行关注，并督促项目对问题进行整改、反馈。

（5）加强与基础管理薄弱单位负责人的思想沟通，进行现场指导，重点整改。

（6）对项目会餐、加餐、中高考等特殊保障进行现场监督，重点把控食谱审定、原料验收、生产加工、成品验收等关键环节。

（7）重点关注学校团餐现场规范，对季节交替、炎热潮湿等特殊时期加强安全监管。

（8）负责汇总学校团餐安全隐患信息，对发生的食物中毒或疑似食物中毒、重大人身安全事故，向单位食品安全管理部门负责人及单位负责人汇报，不隐瞒漏报。

（9）每季度一次与采购中心联动对供货商资质及生产加工环境进行检查，确保符合要求。

（10）处理项目对质检员的申诉，协调质检员和项目关系。

（11）负责对项目质检员进行思想教育和业务培训。

（12）完成领导交办的其他工作。

6.质检员安全工作职责

（1）制定项目质检工作计划，并按计划开展工作；协助项目负责人对员工进行培训，每周不少于一次集中培训，并填写《员工培训记录表》。

（2）对原材料入库、加工过程、冰箱、收尾、机械设备、盛用具洗消、干货泡发等环节检查，确保食品卫生安全"零事故"。

（3）对项目会餐、加餐、中高考等特殊保障提前上报，全程跟踪检查，重点把控食谱审定、原料验收、生产加工、成品验收等关键环节。

（4）协助项目审核上报敏感食品，并对敏感食品的加工使用全程跟踪检查，做好成品验收工作。

（5）检查督促项目安全例会、生产加工过程、成品验收、表格运行、闭餐检查等基本制度的落实，在检查生产过程中发现安全隐患问题，有权现场制止生产，并汇报至项目负责人。

（6）做好高风险时期（季节交替、炎热潮湿）的食品安全监管工作。

（7）汇总本项目安全信息，及时向负责人和上级食品安全部门进行汇报，不隐瞒漏报，每日上报餐厅自检情况。

（8）协助项目对自检问题、食品安全管理部门巡检问题进行整改，并进行问题整改情况反馈。

（9）发生食物中毒或疑似食物中毒、重大人身安全事故，立即（不超过2小时）上报食品安全部门，不隐瞒漏报。

（10）完成领导交办的其他工作。

7.其他事项分析

（1）对发生重大变化的有关资产和负债项目作出分析说明。

（2）对数额较大的待摊费用、预提费用超过限度的现金余额作出分析说明。

（3）对其他影响公司效益和财务状况较大的项目和重大事件作出分析说明。

8.2 食品加工环节安全管理流程

1.采购工作流程（图8-1）

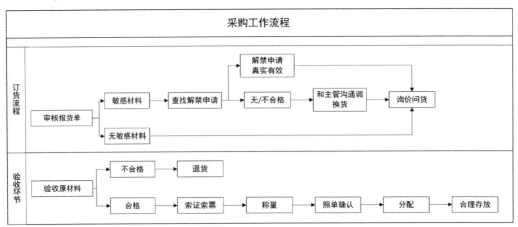

图8-1 采购工作流程

2.库房管理流程(图8-2)

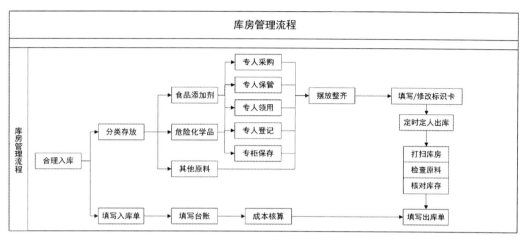

图8-2 库房管理流程

3.粗加工、切配操作流程(图8-3)

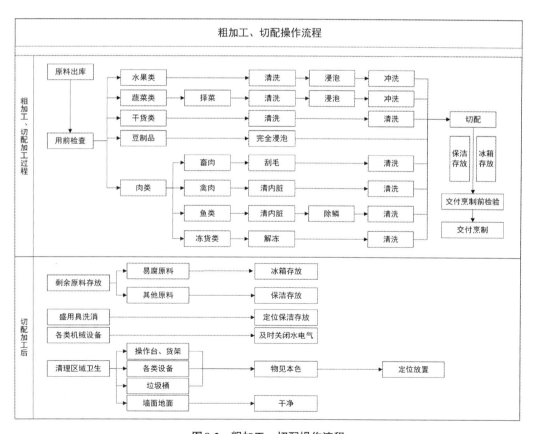

图8-3 粗加工、切配操作流程

4. 烹饪操作流程（图8-4）

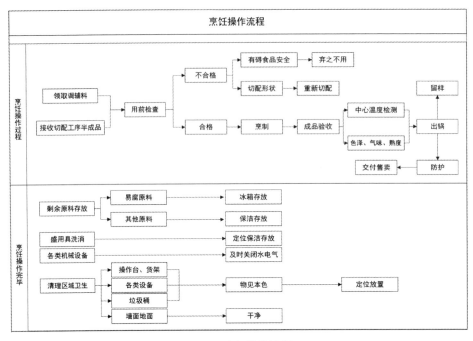

图8-4　烹饪操作流程

5. 主食操作流程（图8-5）

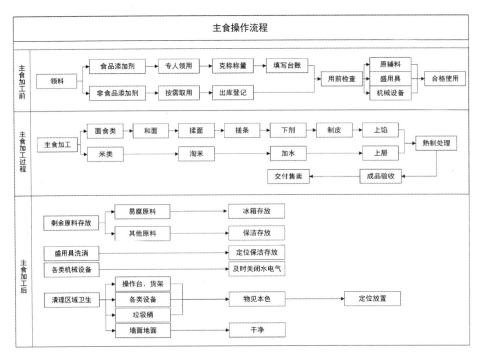

图8-5　主食操作流程

6.留样操作流程(图8-6)

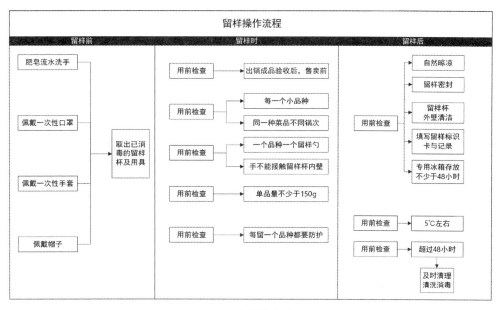

图8-6 留样操作流程

7.售餐操作流程(图8-7)

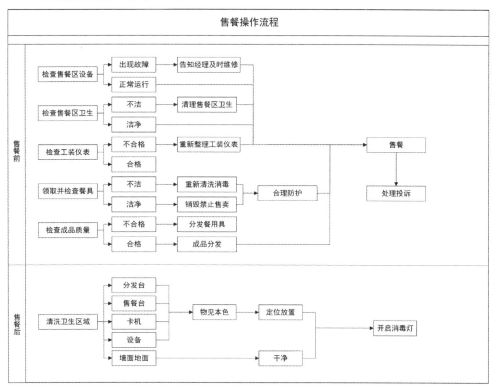

图8-7 售餐操作流程

8.洗消操作流程（图8-8）

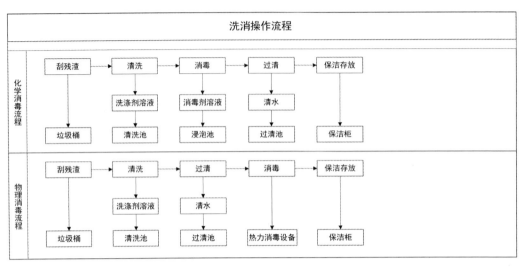

图8-8 洗消操作流程

9.收尾操作流程（图8-9）

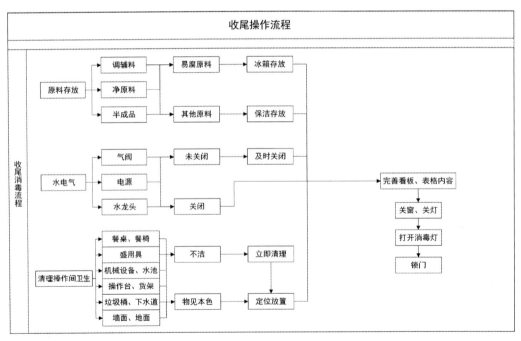

图8-9 收尾操作流程

8.3 现场管理关键环节控制点

8.3.1 采购管理

（1）食用油、米、面类供货商需要提供身份证、营业执照、食品经营许可证（食品销售商使用）或生产许可证（食品生产企业使用）、当批次检验合格报告。

（2）调料、散装原料供货商需要提供身份证、营业执照、食品经营许可证（食品销售商使用）或生产许可证（食品生产企业使用）。

（3）肉类、冻货类供货商需要提供身份证、营业执照、屠宰场直接供货（屠宰许可证、动物防疫条件合格证）、食品经营许可证、动物检疫合格证明、肉品品质检验合格证明；生鲜肉类需要健康证，冻货类供货商可不提供。

（4）食品添加剂供货商需要提供身份证、营业执照、食品经营许可证（食品销售商使用）或食品添加剂生产许可证（食品生产企业使用）、批次检测合格报告。

（5）豆腐、面条、面包等熟制品供货商需要提供身份证、营业执照、食品经营许可证、食品加工人员健康证。

（6）蔬菜、水果类供应商需要提供身份证、营业执照。

（7）采购中心、食品安全管理部门每季度至少一次对固定供货商的生产加工环境、储存条件、资质证明、产品质量进行评审，对不符合评审条件的终止供货协议。

（8）采购中心和供货商签订《供货质量保证书》。

（9）禁止采购"三无"、过期、无SC编号、腐烂变质、假冒伪劣等产品，禁止违规采购学校敏感食材。

（10）记录《食品采购与进货台账》和《食品添加剂进货台账》。

（11）采购管理现场（图8-10）。

8.3.2 库房管理

（1）严禁"三无"、过期、无SC编号、腐烂变质、假冒伪劣、未经食品安全管理部门批准的敏感食材等食品入库。

（2）鱼类验收要求，要熟悉鱼种、活体运输、鱼体新鲜。

（3）禽类验收要求，检疫证明齐全，内脏清除干净，肉体新鲜。

（4）猪肉验收要求，肉体印有检验章，肉体新鲜，禁收注水肉、母猪肉、死猪肉。

（5）豆制品验收要求，无酸味、无黏液、有弹性，要品尝验收，验收后及时进

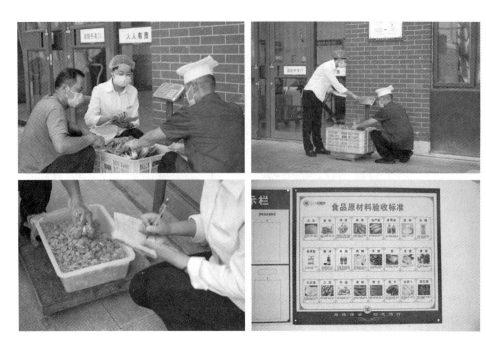

图8-10 采购管理现场

行浸泡或冷藏处理。

（6）奶类验收要求，正规品牌、无胀袋、漏气、凝块现象，不得采购散奶。

（7）冻品验收要求，证件齐全，完全解冻后再次进行检验。

（8）油类验收要求，证件齐全、正规品牌，严禁棉籽油、散装油（含酱油、醋）入库。

（9）食品库房内不得存放易燃易爆、有毒有害及个人生活用品。

（10）库房内食品添加剂需专柜、专锁存放，且有明显标识。

（11）库房内食品要码放整齐、干净整洁，库房内应设置足够数量的存放架，其结构及位置能使贮存的食品和物品离墙离地，距离地面应在10厘米以上，距离墙壁10厘米以上。

（12）食品库房易于通风，防止食品霉变。

（13）食品库房做好防尘、防火、防盗措施，要安装防蝇、防鼠设施。

（14）食品出库遵循"先进先出"的原则，确保无过期变质食品。

（15）预包装食品按照包装要求存放。

（16）库房管理现场见图8-11。

图 8-11　库房管理现场

8.3.3 切配管理

（1）加工前应认真检查待加工食品，发现有腐烂变质迹象或其他感官性状异常的，不得加工或使用。

（2）叶菜类蔬菜在水中完全浸泡 30 分钟以上溶解农药残留。

（3）遵守先洗后切的原则。

（4）干货泡发要用清水或温水，严禁用热水泡发，要遵循用多少泡多少的原则。

（5）合理掌握泡发时间，不允许隔夜泡发，泡发过程中至少换水 3 次。

（6）禽类加工须除净内脏，尤其是肺脏。

（7）鱼类加工须除净腮、鳞、黑膜和内脏。

（8）发芽、青皮面积较少的土豆要彻底去除芽眼、青皮、腐烂部位。

（9）盛用具严格按照毛、净、生荤、生素、熟、半成品、水产品区分使用。

（10）盛用具严格按照要求进行清洗、消毒并保洁存放。

（11）切配管理现场见图 8-12。

8.3.4 烹制管理

（1）烹饪前应认真检查待加工食品，发现有腐烂变质迹象或其他感官性状异常的，不得进行烹饪加工。

图 8-12　切配管理现场

（2）指派经验丰富的员工加工烹制已批准过的敏感食材和易腐原材料。

（3）禽蛋加工前应清洗干净，严禁使用破壳、裂纹的鸡蛋。

（4）成品制作完成后，应按锅次进行分批验收，员工需用专用的碗勺尝菜，确保所有成品烧熟煮透。

（5）动物内脏卤熟后超过2小时不加工售卖的，须自然冷却后放入冰箱冷藏，再次使用应回锅热透，使用中心温度计进行测量，确保中心温度达到70℃以上。

（6）整鸡、整鸭、整鱼、猪肘、鸡腿、丸子等体积较大的产品的中心部位应熟透，使用中心温度计进行测量，确保中心温度在70℃以上。

（7）当餐未售卖完的食品，应晾凉后放入冰箱存放，严禁使用隔餐和隔夜剩餐。

（8）剩余食品再次食用前要充分加热，确保中心温度达到70℃以上。

（9）预包装食品按照包装要求存放。

（10）烹制管理现场见图8-13。

8.3.5　主食管理

（1）加工前应认真检查待加工食品，发现有腐烂变质迹象或其他感官性状异常的，不得加工或使用。

（2）严禁外购肉馅儿，严禁隔餐、隔夜拌馅儿，加强食用前检查。

图8-13 烹饪管理现场

（3）馅儿调制完成后，超过2个小时不用的要在0～4℃的温度下冷藏存放，馅儿的中间需凹陷或平铺。

（4）食用豆浆需向食品安全管理部门提出申请，黄豆浸泡过程中要检查有无发酸变质情况，豆浆加热出现"假沸"后需文火再持续加热5分钟以上。

（5）豆沙馅、番茄酱等预包装食品按照包装要求存放。

（6）裱花制作应遵循专间管理制度，符合"五专两不进"的要求。

（7）食品添加剂的存放要专柜专锁、标识明显，严格按照产品使用规定剂量添加。

（8）主食管理现场见图8-14。

8.3.6 留样管理

（1）留样由专人负责、专人操作。

（2）留样用具专用，每餐消毒，保洁存放；留样人操作前流水洗手。

（3）在成品出锅后、售卖前进行留样，同一品种不同锅次也应留样。

（4）留取下一个样品时需更换留样勺。

（5）留样足量至少250克。

（6）留样保存时限应不少于48小时。

图8-14 主食管理现场

(7) 留样冰箱专用,温度为0~8℃范围内。

(8) 留样自然冷却后放入冰箱,填写标识和留样记录。

(9) 留样管理现场见图8-15。

图8-15 留样管理现场

8.3.7 凉菜管理

（1）凉菜加工须符合硬件要求，向食品安全管理部门提出申请，批准后方可使用。

（2）凉菜制作应遵循"五专两不进"标准：专人、专室、专用具、专冷藏、专消毒，非本室人员不得进入、未经清洗或熟制处理的原料不准进入。

（3）卤熟后的原材料超过2小时不加工售卖的，应自然冷却后放入冰箱冷藏，再次使用须回锅热透。

（4）凉菜制作人员进入凉菜间应二次更衣、流水洗手并消毒，加工时要戴口罩、一次性手套；凉菜制作持续操作2小时的或接触不洁物品后应再次手部消毒，达到无菌操作。

（5）加工前用酒精擦拭法或煮沸方法对刀、砧板等盛用具单独消毒，用后洗净放入保洁柜存放。

（6）调制好的凉菜餐用完，不允许有任何形式的剩余。

8.3.8 售餐管理

（1）售餐前应认真检查待供应食品，发现有腐烂变质迹象或其他感官性状异常的，不得供应。

（2）售餐前对餐用具进行检查，查看消毒记录，保证干净、无残渣油污。

（3）操作人员戴一次性口罩，一次性手套。

（4）运送物品要适量，盛具不能相互挤压或叠放，避免食品交叉污染。

（5）明档操作的，运送时生熟分开，荤素分开，半成品和成品分开。

（6）烹饪后至食用前需要较长时间（超过2小时）存放的成品，应在高于60℃或低于8℃的条件下存放。

（7）手不能直接接触成品，借助食品夹或其他工具。

（8）严禁用抹布擦拭已消毒的餐具、盛用具。

（9）售餐管理现场见图8-16。

8.3.9 洗消管理

（1）按照刮、洗、过清、消毒的程序设置相应水池。

（2）采用蒸汽、煮沸消毒的，温度一般控制在100℃，并保持10分钟以上。

（3）采用红外线消毒的，温度一般控制在120℃以上，并保持10分钟以上。

图8-16 售餐管理现场

（4）采用洗碗机消毒的，消毒温度、时间等应确保消毒效果满足国家相关食品安全标准要求。

（5）84液消毒的器具要完全浸泡，按1∶250体积比配比，消毒时间保证5分钟以上，要流水彻底过清。

（6）每餐将抹布煮沸消毒15分钟以上或84消毒液消毒5分钟以上。

（7）洗消管理现场见图8-17。

图8-17 洗消管理现场

8.3.10 冰箱管理

（1）定期检测冰室温度；冷藏不超过24小时，冷冻不超过7天。

（2）冰箱内物品四周留有空隙，存放不超过容积三分之二，每周两次进行除霜、清理、消毒。

（3）食品按照生荤、生素、水产品、半成品、成品等分冰室存放；食品入冰箱应密封存放。

（4）冰箱内物品存放较多时，按照植物性、动物性、水产类食品自上而下分类存放。

（5）牛奶、酸奶、奶油严禁冷冻存放，应冷藏存放。

（6）带包装（不含真空包装、小包装）原料或冷冻制品在入冰箱、冰柜时应把外包装拆掉。

（7）食品放入冰箱、冰柜或冷库，要及时填写《冰箱标识卡》，同种食品取出时要遵循"先进先出"的原则。

（8）冰箱管理现场见图8-18。

图8-18　冰箱管理现场

8.3.11　闭餐检查

（1）负责人和质检员带领各班组长对收尾情况进行闭餐检查，发现隐患当场解决。

（2）及时关闭火源、水、电、气。

（3）机械设备应双断电。

（4）各班组对盛用具进行清洗和消毒。

（5）半成品、成品应冷藏或热藏存放。

（6）荤切间、凉菜间、裱花间等收尾后应在无人时开启紫外线消毒灯30分钟以上。

（7）操作间离人关窗、锁门。

（8）闭餐管理现场见图8-19。

图8-19 闭餐管理现场

8.3.12 设备安全

（1）各种机器设备，均由专人操作，专人保养，专人管理，设有空开及漏电保护装置。

（2）切菜机、压面机、绞肉机等关键设备安装防护罩，操作时不许撤除防护罩，设备用完后要及时关闭电源，做到双断电。

（3）设备的电机部位严禁用水冲洗。

（4）切菜机运行时严禁直接用手在传送带上拣菜，以防伤手。

（5）切肉机（绞肉机）添料使用推料棒，严禁用手直接推料。

（6）揉面机、压片机添加面时借助器械，不许直接用手抠、拽，让面剂自动滑落。

（7）馒头机运行时勿用手直接推面，严禁机器运转时触摸螺旋辊。

（8）电蒸箱严禁缺水送电，保持水面浸过电加热管。

（9）使用蒸汽时，严禁蒸汽管对人，严禁在未关气时打开设备的蒸盖，严禁身体直接接触蒸汽设备。

（10）油锅加热时油量不超过三分之二，严禁离人。

（11）配备足够的灭火器，员工会正确使用灭火器材；烹制间、有明火等处要设有灭火毯、防火盖等设施。

（12）禁止私拉、移动电线和私装电气设备。

（13）容易发生触电事故的地方，要设有明显的警示标识。

8.4 食品安全事故应急预案

8.4.1 总则

1）为规范食品安全事故应急处置工作，及时高效、合理有序地处理食品安全事故，保障就餐学生的健康与生命安全，最大限度地减少食品安全事故造成的损失，制定《餐饮业食品安全事故应急预案》（以下简称《预案》）。

2）《预案》根据《中华人民共和国食品安全法》和《国家重大食品安全事故应急预案》等法律法规和规章要求，结合学校的实际情况而制定。

3）预案参照中国食品安全事故的最低等级（Ⅳ级）一般食品安全事故的有关规定，将食品安全事故分为两级：重大食品安全事故和一般食品安全事故。

4）食品安全事故处置原则：

（1）以人为本，减少危害。把保障学生和员工的健康和生命安全作为应急处置的首要任务，最大限度减少食品安全事故造成的人员伤亡和健康损害。

（2）科学分析，依规处置。充分发挥单位食品安全管理系统、被保障单位医疗系统、地方专业检测机构等专业队伍的作用，严格按照预案要求，提高应对食品安全事故的水平和能力。

（3）居安思危，预防为主。建立健全日常管理制度，加强食品安全风险预警；坚持预防与应急相结合，做好应急准备，落实各项防范措施，防患于未然。

5）食品安全管理现场见图8-20。

8.4.2 组织机构和职责

1）食品安全事故发生后，单位负责人应组织食品安全管理部门、项目部对事故进行评估，核定事故级别。

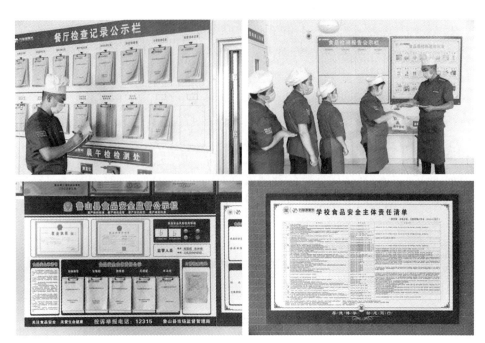

图8-20 食品安全管理现场

（1）属于一般食品安全事故的，项目部负责人立即启动Ⅱ级应急响应，成立一般食品安全事故应急处置指挥部。

（2）属于重大食品安全事故的，单位负责人接报后立即启动Ⅰ级应急响应，成立重大食品安全事故应急处置指挥部。

2）指挥部构成：

（1）重大食品安全事故应急处置指挥部由单位负责人担任总指挥，组建应急小组，由单位食品安全管理部门负责人、项目部负责人、项目部食品安全部门负责人、相关项目负责人担任成员。

（2）一般食品安全事故应急处置指挥部由项目部负责人担任总指挥，组建应急小组，由单位食品安全管理部门负责人、项目部食品安全部门负责人、相关项目负责人担任成员。

3）各级指挥部负责统一领导相应级别的事故应急处置工作，研究重大应急决策和部署。指挥部下设事故调查、危害控制、医疗救治、维护稳定、新闻宣传、物资供应、善后处理等工作组，在指挥部的统一指挥下分别开展相关工作，并随时向指挥部报告工作开展情况。

8.4.3 事故报告和应急启动

1. 食品安全事故发生后报告程序

（1）食品安全事故发生或发现后，项目接报人应立即报告项目负责人，项目负责人应核实情况后第一时间报告项目部负责人及单位负责人。

（2）单位负责人接报后，立即组织食品安全管理部门和项目部对食品安全事故等级进行评估，并在食品安全事故发生或发现后按规定向上级报告。

（3）项目部负责人要第一时间到现场处理事故。

（4）报告内容主要包括食品安全事故发生的时间、地点、性质、起因、影响及涉及人员等情况和采取的应急措施，并根据事态发展和处置情况及时续报。

（5）报告食品安全事故信息做到及时、客观、真实，不得迟报、谎报、瞒报、漏报。

2. 接到食品安全事故报告后启动食品安全应急响应

（1）属于一般食品安全事故的，单位负责人立即启动Ⅱ级应急响应。

（2）属于重大食品安全事故的，物业公司食品安全部门负责人接报后立即启动Ⅰ级应急响应

8.4.4 事故应急处理

启动应急响应后，食品安全事故应急处置指挥部指挥各工作组按照本预案全力以赴开展调查原因、组织救治、控制危害等工作。

1. 事故调查组

（1）由与应急响应级别对应的食品安全管理部门牵头，会同项目负责人、质检员组成。

（2）保护好现场和可疑食物。病人吃剩的食物不要急于倒掉，食品用工具容器、餐具等不要急于冲洗，提供留样食物，病人的排泄物（呕吐物、大便）要保留。

（3）如实向有关部门反映进餐总人数、病人所吃食物、同时进餐未发病者所吃食物、病人中毒的主要特点，可疑食物的来源、质量、存放条件、加工烹调的方法和加热的温度、时间等情况。

（4）与被保障单位后勤或卫生部门一起确定事故发生原因，评估事故影响，提出事故防范意见。

2. 危害控制组

（1）由与应急响应级别对应的食品安全管理部门牵头，会同相关项目负责人

组成。

（2）立即停止餐饮保障活动。

（3）与被保障单位后勤管理部门一起召回尚未使用的成品。

（4）封存导致或者可能导致食品安全事故的食品及其原料、工具及用具、设备设施和现场，防止危害蔓延扩大。

3.医疗救治组

（1）由单位负责人牵头，会同与应急响应级别对应的食品安全管理部门、相关项目负责人组成。

（2）与被保障单位后勤部门一起立即向就近医疗机构发出医疗求援，及时将中毒学生或员工送往医疗机构救治。

（3）主动向医疗人员报告发病情况，协助维护医疗秩序。

（4）与被保障单位后勤部门一起持续排查发病人员，建立动态花名册，防止遗漏。

4.维护稳定组

（1）由与应急响应级别对应的办公室牵头，会同同级人力资源部门、单位负责人、相关项目负责人组成。

（2）积极配合被保障单位后勤部门，向就餐学生说明发病情况，避免引起盲目猜测。

（3）积极配合被保障单位后勤部门，做好病患家属的思想安抚工作，防止过激行为发生。

（4）做好项目员工的情绪稳定工作。

5.新闻宣传组

（1）由与应急响应级别对应的办公室牵头，会同同级食品安全管理部门、单位负责人组成。制定与被保障单位口径一致的外宣材料。

（2）及时澄清相关谣言，避免不必要的误解。

（3）配合被保障单位有关部门做好信息发布工作。

6.物资供应组

（1）由与应急响应级别对应的采购部门牵头，会同同级财务部门组成。

（2）保障方便食品、调拨饭菜等应急物资供应。

（3）提供病员救治资金。

7.善后处理组

（1）由单位负责人牵头，会同与应急响应级别对应的人力资源部门、财务部门、法务部门、食品安全管理部门组成。

（2）对确定被污染的食品原料、半成品、成品及食品添加剂进行销毁，对被污染的食品加工用具进行严格清洗和消毒。

（3）与有关部门协商支付交通工具等物资使用费用。

（4）与被保障单位就事故赔偿工作进行协商。

（5）及时向保险公司报案，并配合保险公司实施餐饮场所公众责任保险勘察和理赔工作。

食品安全事故隐患或相关危险因素消除且相关售后事宜完成后，应急处置指挥部经分析论证宣布应急响应结束。

8.4.5 后期处置

（1）单位依据有关规章制度，对导致食品安全事故起因的责任人进行追责，对有食品安全事故瞒报、谎报、缓报行为的责任人进行追责，对在食品安全事故的调查和处理过程中的玩忽职守、推诿扯皮等影响应急预案顺利实施的行为进行追责。

（2）根据发生食品安全事故的等级制定《食物中毒相关责任人处罚标准》。

（3）食品安全事故善后处置工作结束后，应急处置指挥部总结分析应急处置经验教训，提出改进应急处置工作的建议，完成应急处置总结报告，报送上级领导。

8.4.6 预案培训

（1）各级食品安全管理部门应采取分级负责的原则，对本预案进行业务培训，使各相关部门熟悉实施本预案的工作程序。

（2）各单位要支持项目积极参加被保障单位开展的食品安全事故应急演练，以检查和强化应急准备，协调应急响应能力。

8.5 餐厅服务品质管理

1. 餐厅质检工作内容（表8-1）

餐厅质检工作内容　　　　表8-1

时段		工作内容	备注
早餐管理	餐前	1.检查原料入库验收情况 2.冷库、冰箱、冰柜运行及物品存放情况	

续表

时段		工作内容	备注
早餐管理	餐前	3.各班组盛用具清洁程度及定位存放情况	
		4.早餐原料、半成品、成品质量情况	
		5.早餐之前操作规范检查情况	
	餐后	6.早餐后各班组收尾情况	
		7.剩余原料、半成品、成品存放或处理情况	
		8.填写、检查基础管理表格	
		9.参加晨会,检查员工个人卫生,公布前日激励情况	
		10.员工餐后,重点检查收尾卫生、餐具消毒,所有物品摆放到位	
		11.检查、督促供货商资质、台账	
中餐管理	餐前	1.检查员工个人卫生及工装仪表	
		2.检查责任区及公共区域的卫生	
		3.检查冷库、冰箱、冰柜运行及物品存放情况	
		4.检查午餐原料质量及泡发、清洗和加工情况	
		5.检查剩餐的存放及使用问题	
		6.检查午餐原料质量及泡发、清洗和加工情况	
		7.再次检查早餐留样存放情况	
		8.重点检查机械设备使用情况,发现违章操作,立即指导和纠正	
		9.监督午餐饭菜制作过程,检查调辅料质量	
		10.检查午餐留样情况	
		11.检查备餐及餐具洁净度、消毒效果等	
		12.开餐前检查后厨收尾情况	
		13.开餐前检查前厅卫生状况,发现问题及时纠正	
		14.监督午餐售餐过程,检查口罩、手套的佩戴情况	
		15.参加员工餐前点名,有问题时点评,没问题时与员工一同就餐	
	餐后	16.监督员工完成收尾工作和卫生清扫,餐厨用具清洗消毒后,整齐摆放到位	
		17.检查午餐剩余原料、半成品、成品存放情况和处理情况	
		18.检查中午收尾,及紫外线消毒灯是否开启	
		19.填写、检查基础管理表格	
晚餐管理	餐前	1.对各班组责任区卫生情况进行检查	
		2.再次检查午餐留样存放情况	
		3.检查冷库、冰箱、冰柜运行及物品存放情况	
		4.检查晚餐原料质量及泡发、清洗和加工情况	
		5.监督机械设备使用操作情况	
		6.抽查餐具洗消质量,检查消毒效果	

续表

时段		工作内容	备注
晚餐管理	餐前	7.对晚餐饭菜制作过程进行巡查,检查调辅料的质量	
		8.检查晚餐留样及存放情况	
		9.检查备餐及餐具洁净度、消毒效果等	
		10.开餐前检查后厨收尾情况	
		11.开餐前检查前厅卫生状况,发现问题及时纠正	
		12.监督晚餐售餐过程,检查口罩、手套的佩戴情况	
	餐后	13.参加员工餐前点名,有问题时点评,没问题时与员工一同就餐	
		14.监督员工继续完成收尾工作和卫生清扫,餐厨用具消毒后,整齐摆放到位	
		15.检查晚餐剩余原料、半成品、成品、存放或处理情况	
		16.检查晚餐收尾,及紫外线消毒灯是否开启	
		17.晚餐下班后,可组织员工培训学习,一般时间要控制在20分钟以内,频次可根据项目实际情况安排	
		18.协助负责人组织班长等人员进行夜巡,重点查看物品存放、水电气的关闭、设备清理及门窗是否上锁等情况	
		19.填写、检查基础管理表格	

2.餐厅周期工作内容(表8-2)

餐厅周期工作内容　　　　　　　　表8-2

时段	项目	内容	要求
周工作	大扫除	组织员工进行大扫除	不留死角、物见本色
	周巡检	负责人带领所有后勤全面排查	所有原材料进行检查,填写《原材料检查记录表》;线路、消防设施、机械设备运行情况检查
	培训	每周不少于两次集中培训	留存培训记录和验证资料
	周报	周报上报	按时、按要求完成周报工作
月工作	健康证	在职员工健康证存档	核对晨检表、健康档案、员工实际人数
	员工培训计划	月初制定本月培训计划	结合餐厅食品安全现状,制定月度培训计划
	员工考试	全体员工食品安全知识考试	留存考试记录、考试成绩和验证资料
	敏感食材	敏感食材申请	核实餐厅敏感食材使用情况,向上级部门申请敏感食材使用批复
	添加剂	添加剂公示检查更新	公示内容与添加剂实际使用、进货台账一致
	资质	供货商及原材料资质更新	所有原料的供货商及原材料资质处于有效状态
	原料排查	定型包装原料排查	无过期,临期标示登记,过期前处理
	公示原料排查	定型包装原料排查、散装原料检查	无临期、无有碍食品安全等情况,每月进行更新
	药品检查	小药箱内所有药品检查	无过期药品

8.6 食品安全管理部门巡检

8.6.1 巡检方式

月初制定当月基层巡检帮扶计划,了解所辖项目基础管理水平的真实情况;根据餐厅食品安全现状和质检员食品安全隐患情况汇报,结合第三方食品安全检查情况,分析该项目或所辖单位存在的主要问题和共性问题及问题出现原因,制定整改方案,上报至单位负责人;跟踪隐患问题整改进度,对于未能及时整改或整改效果未达标的,及时反馈单位负责人,提出整改意见和处理建议。巡检日报要求见表8-3。

巡检日报要求 表8-3

序号	检查内容	上报形式	上报数量 照片(张)	上报数量 视频(段)
1	定型包装、散装原材料管理环节(三无、过期、霉变生虫、进口原材料无中文说明等)	视频	—	≥3
2	毛菜管理环节(腐烂变质、未松散上架等)	视频或照片	≥3	≥1
3	存放管理环节(室内常温存放情况及冰箱内存放情况)	视频或照片	≥4	≥2
4	原材料清洗、浸泡、存放管理环节	视频或照片	≥4	≥1
5	切配环节	视频	—	≥2
6	主食环节	视频	—	≥2
7	烹制环节	视频	—	≥2
8	成品验收环节(尝菜、检测中心温度等)	视频	—	≥2
9	留样环节	视频	—	≥2
10	售餐环节(现场售餐或打包送餐)	视频	—	≥1
11	餐具消毒环节	视频或照片	≥4	≥2
12	收尾后物品防护及卫生环节	视频或照片	≥5	≥2
13	前厅后厨消毒环节	视频或照片	≥4	≥2
14	参加会议、组织培训等	视频或照片	≥2	≥1

注:表格中前13项为巡检项,第14项为特殊情况未能巡检原因项。特殊情况未能巡检的,只上报第14项即可。

8.6.2 食品安全管理部门巡检标准

1.食品安全机制管理

(1)学校与项目负责人签订安全责任书。

（2）按照学校规定配备质检人员，入职满30天的质检人员经过项目部统一培训。

（3）餐厅制定并悬挂食物中毒、突发火灾、烧烫伤等应急预案，并制定和实施各岗位安全管控操作规范。

（4）建立员工（含后勤人员）食品安全知识考试记录（内容至少包括参考人、考试试卷、得分，月度参考人至少占员工总数的三分之一）。

（5）建立员工（含后勤人员）的月度培训计划和食品安全知识培训档案（需含培训时间、培训内容、考试结果、培训人等信息）（至少保留三个月）。

2. 食品经营许可管理

（1）餐厅持有有效《食品经营许可证》，且按照《食品经营许可证》经营范围进行加工制作，禁止超范围经营。

（2）员工持有健康证，且在有效期内，项目建立《员工健康档案记录表》。

（3）员工健康证明（原件或复印件）需在前厅进行公示、公示内容要与实际相符。

3. 员工个人卫生管理

（1）员工指甲不超过指甲肚，不涂指甲油并保持清洁，上班时间不准佩戴饰物、手表等。

（2）员工无不良卫生和操作习惯，岗前、换岗及接触不洁物品后及时用肥皂流水洗手。

（3）操作间内无私人物品。

4. 食材食品安全管理

（1）各环节（库房以外的区域）无过期、变质、假冒伪劣及其他有碍食品卫生的原料、调辅料和其他物品，严禁使用非食品原料加工制作食品。

（2）各环节（库房以外的区域）无"三无"产品，定型包装原材料、调辅料有中文标识和说明。

（3）无敏感食材，使用敏感食材严格按照解禁批复要求加工、存放、使用，严禁使用回收食品作为原料，再次加工制作食品。

（4）原料、调辅料、成品合理分类、保洁存放，尤其解冻完全的肉类、蛋液、豆制品、鱼类等易腐原材料及时入冰箱存放。

5. 粗加工食品安全管理

（1）毛菜筐颜色统一，进行颜色划分。

（2）毛菜库内的毛菜需入筐存放（叶菜类松散上架），摆放整齐。

（3）操作现场配备脚踏式餐厨废弃物容器，废弃物盛装容器内物品不得超过容器容积的2/3。

（4）择菜现场地面要保持干净。

6. 切配食品安全管理

（1）原料清洗池按生荤、生素、生水产分开使用，并有明显标识。

（2）禽蛋使用前按照程序清洗，并清洗干净。

（3）原料泡发符合操作规范。

（4）切配的所用原料要先洗后切。

（5）切配操作台上原料盛装容器、刀墩、抹布、下脚料等摆放整齐、有序。

（6）项目配备统一样式、规格的下脚料盛装容器，盛装容器要及时清理，禁止下脚料超过容器容积的2/3。

（7）加工的原材料不许直接倒在操作台上，需放置在相应的盛具中。

（8）加工好的生素原料中无杂草、烂叶、泥沙；生荤原料中无动物毛发；生水产品中无鱼鳞等不可食用杂物。

7. 烹饪食品安全管理

（1）项目要配备中心温度计、中心温度计能正常使用，使用中心温度计检验鸡腿、大块肉等产品中心温度，中心温度不低于70%。

（2）成品验收符合操作规范，无夹生、无异物、无异味、无糊锅现象。

（3）配备专用的尝菜勺、碗、筷，定位放置，并保持清洁，负责人、质检员、作业组长要使用专用的尝菜勺、碗、筷进行品尝。

（4）5-10月份，早餐、中餐、晚餐不允许存放和使用任何剩餐（包括烤肠、炸串）；5-10月份之外的月份除馒头外（所有主食）都不允许隔夜或隔餐，馒头存放时间不能超过24小时，素菜、半荤半素、烤肠、炸串等不能剩余，其他类（大荤、熟鸡蛋）只能再次加热售卖一次，但不能隔夜。

8. 熟食安全管理

（1）熟食面点改刀在专用的熟食板上进行，不在面案上直接改刀。

（2）馅料现用现拌，合理存放。

9. 食品留样管理

（1）项目专人负责留样，且留样冰箱专用，保持清洁，温度控制在0～8%范围内留样餐别齐全，品种齐全，每品种留样达到250克以上，样品存放时间达到48小时，过48小时的留样及时清理。

（2）留样用具做到餐餐消毒，保持干净、整洁，如实填写《消毒记录表》。

（3）留样时机要正确，在成品出锅后、售卖前进行留样。

（4）留样时每个留样杯配备一个留样勺或专用筷子，留样人着装符合要求。

（5）对留样样品进行防护，留样自然冷却密封后放入冰箱，留样标识卡、记录表填写正确、规范，无涂改、漏签等情况。

（6）留样样品在冰箱内摆放整齐，留样餐次区分明显。

（7）留样冰箱内样品无异物、变质等情况。

10. 售餐管理

（1）售餐人员售餐前应进行手部清洗、消毒。

（2）配备成品保温设施、保温设施要能起到保温效果，水暖保温台内水要及时更换，保持干净。

（3）售餐现场卫生保持干净。

11. 餐饮具消毒管理

（1）餐具消毒要合理如消毒时间、温度、消毒液浓度等达到要求，餐具倾斜放置消毒，要餐餐消毒，保证洗消品质良好，无残渣、油污等。

（2）已消毒的餐具要在专用保洁柜、专盛具、消毒柜内保洁存放，存放已消毒餐具的保洁柜门外粘贴"已消毒"标识。

（3）禁止用抹布、餐巾纸等擦拭已消毒的餐用具（例如，餐盘、筷子、碗碟等），以免造成二次污染。

（4）采购使用集中消毒企业提供的餐饮具，查验其经营资质，索取营业执照复印件、消毒合格凭证。

12. 闭餐检查管理

（1）收尾后水、电、气、火源、门窗全部关闭。

（2）冰箱（柜）、冷库内部无血水、异味、残渣、油污。

（3）冰箱外部、门封条保持清洁，无污垢、油腻、残渣。

（4）入口处保持清洁，无污迹、杂物。

（5）水池及时清洁，收尾后无污迹、杂物。

（6）操作台无污垢、油腻、残渣。

（7）物品存放架无污垢、油腻、残渣。

（8）保洁柜内外保持清洁，无污垢、油腻、残渣。

（9）油烟罩干净无污垢。

（10）灶台、围墙干净无污垢。

（11）下水道保持清洁无残渣。

（12）机械设备保持干净无残渣，收尾后防护到位。

（13）卡机（支付设备）干净无污迹，售餐车（台）无污迹及残渣。

（14）运餐车、调料车干净，无污迹及残渣。

（15）各处无卫生死角。

13.冰箱管理

（1）物品需要冷藏、冷冻的，封好保鲜膜，按照生、熟分冰室存放，冰箱内荤、素、水产品分区域存放。

（2）冰箱（柜）、冷库定期除霜，除霜方法正确，确保温度，内壁积霜厚度不能超过1厘米。

（3）带包装原料和冷冻制品（除真空包装及速冻小包装）放入冰箱（柜）时需去除外包装（纸箱、有色塑料袋），规格30厘米×30厘米×50厘米的大型整理箱禁止进入冰箱。

（4）冰箱（柜）内物品摆放整齐，不得积压和堆积，不超过容积的2/3，冷空气循环畅通。

（5）热食品晾凉后再放入冰箱（柜）、冷库内存放。

（6）冰箱温度显示器能正常使用，无法正常使用的，配备冰箱温度计，且温度计能正常使用，冰箱温度达标，冷藏温度在0℃～8℃，冷冻温度在0℃以下（多次检查确定温度）。

（7）冷冻原材料严格按需使用，解冻方法正确，严禁反复解冻。

（8）冰箱内物品冷藏不超过24小时，冷冻不超过7天，特殊原料按特殊规定执行，物品使用遵循"先进先出"原则。

（9）正确填写冰箱标识卡，标识卡不允许出现涂改、填写不全等情况。

14.机械设备、设施操作管理

（1）机械设备（电饼铛，和面机，大、中型压面机，馒头机等）存放区域标注实体或四角地标线，地标线禁止出现脱落翘角等情况。

（2）操作时禁止撤除防护罩。

（3）设备用完后及时关闭电源。

（4）切肉机（绞肉机）配置助推棒，填料时使用助推棒推，和面机、压片机、馒头机添加面时需借助器械，禁止直接用手抠、拽、推面剂，切菜机运行时禁止直接用手在传送带上拣菜。

（5）使用蒸汽时，蒸汽管禁止对人，在未关汽时禁止打开蒸箱门，身体禁止直接接触蒸汽设备，电蒸箱内的水面要浸过电加热管。

（6）备餐间、荤切间、售餐间等操作区域安装紫外线消毒灯，且符合使用要求。

（7）操作间内设备设施完整，无人身安全隐患。

（8）机械设备严格按规程操作，严禁用水冲洗电机部位，货运电梯禁止载人。

（9）操作完成后及时关闭火源、气阀、油阀，易燃、易爆物品远离高温明火区域。

（10）各环节开关、插座处于良好状态，线路合理，无电线裸露和私拉电线现象。

（11）在食品处理区醒目位置粘贴防滑警示标识，为员工配备防滑鞋。

15.食品添加剂管理

（1）餐厅库房内配备可上锁的铁皮单/双门柜作为食品添加剂专用存放柜，并注明"食品添加剂专区/存放处"字样，库房外的食品添加剂要专区存放，并注明"食品添加剂专区/存放处"。

（2）食品添加剂存放柜钥匙由库房管理人员专人保管。

（3）配备专用天平等称量器具，且能正常使用。

（4）存放散放（包装完全拆散）食品添加剂的容器要标明品名。

（5）使用的所有食品添加剂的品名、生产厂家、生产许可证编号、供货单位等，在前厅进行公示，公示信息要与实际相符。

（6）建立食品添加剂进货台账（名称、规格、数量、生产单位、生产批号、保质期、供者名称及联系方式、进货日期）库房管理人员完整、如实填写《食品添加剂进货台账》，台账保存期限不少于两年。

（7）建立食品添加剂使用台账（名称、数量、用途、称量方式、时间等，使用人需签字确认），使用人员完整、如实填写《食品添加剂使用台账》，台账保存期限不少于两年。

16.凉菜食品安全管理

（1）符合"五专两不进"原则。

（2）专间人员进入专间更换专用衣帽，并用肥皂流水洗手，操作过程中佩戴口罩。

（3）每餐（次）对空气和操作台进行消毒，使用紫外线进行消毒时，消毒灯在无人工作时开启30分钟以上。

（4）专间室内温度不超过25℃。

（5）经清洗消毒的新鲜水果和裱浆当天加工、当天使用。

（6）专间硬件设施不达标。

17.现榨饮料食品安全管理

（1）专人加工、制作，员工现场制作时佩戴口罩、帽子。

（2）现磨谷物饮品中心温度要在70℃以上。

(3)现榨饮料要当餐制作、当餐使用,不得剩余。

(4)现榨饮料不使用非食品原料,不使用食品添加剂,不使用回收的食品作原料。

18.环境、设备设施卫生管理

(1)工作区地面、墙面、门窗干净、整洁。

(2)工作区地面干燥、不湿滑、无水渍。

(3)洗手池处配备洗手液或肥皂。

(4)项目制定、张贴卫生间卫生值日表、卫生检查表。

(5)卫生间地面、墙面、窗台无残渣、污渍,纸篓内物品不超过容积的1/2。

(6)卫生间附近设置洗手处或洗手池,且悬挂"标准洗手方法示意图",卫生间有如厕文明标语。

(7)宿舍被褥叠放整齐,床铺平整,地面、墙面、窗台干净整洁,无积垢、积尘,物品摆放整齐有序,垃圾桶内垃圾及时倾倒,不超过容积的2/3。

(8)宿舍无人时电器设备等及时断电。

(9)办公室地面、墙面、桌椅等干净整洁,无卫生死角,物品摆放整齐有序。

(10)办公室无人时电器设备等及时断电。

(11)各处(库房之外的区域)无苍蝇、虫、鼠出现。

(12)项目设置更衣室,更衣室干净整洁,更衣柜有编号,且标注实体地标线,地标线禁止出现脱落、翘角等情况。

(13)为员工配备统一饮具。

(14)项目配备墩架、刀盒。

(15)防尘帘的布为白颜色的,防尘帘禁止出现发暗、发污、发黄、褶皱、破损等情况。

(16)设置墩布架、抹布架(挂钩)并标注地标线。

(17)餐厅设置仪表镜。

(18)电梯、货梯等特种设备标注警示线,地标线无脱落、翘角等情况发生。

(19)食堂卫生管理现场见图8-21。

19.餐厨废弃物管理

建立餐厨废弃物处理台账,详细记录餐厨废弃物的种类、数量、去向、用途等情况。

20.消防管理

(1)每个操作间配备灭火器2个,灭火毯1个,灭火设施摆放位置合理。

图8-21 食堂卫生管理现场

（2）灭火器、灭火毯、消防栓处于能正常使用状态（灭火器指针指向绿区、铅封和保险销完好），灭火器按时年检有检验证明。

（3）灭火毯的长宽超过项目最大锅的直径（灭火毯主要原理为隔绝空气灭火，面积过小起不到灭火作用）。

（4）烟道、排烟系统每学期定期清理至少一次，保留清理现场的水印照片，照片内容要足以证明事情真实性。

（5）餐厅每季度至少组织一次消防灭火演习，填写《培训记录表》，将演习现场照片插入到表格对应位置，并存档。

（6）食堂消防管理见图8-22。

21. 食品安全通用管理

（1）盛用具放置位置合理，盛具除毛菜筐外均离地放置，垫板等保持清洁。

（2）各环节加工生荤、生素、生水产、半成品、成品的盛具、用具分开存放和使用，并有明显标识。

（3）抹布、盖被、盖布严格按程序清洗、消毒和保洁。

（4）盛用具按程序清洗消毒，干净无残渣，保持清洁。

（5）垃圾桶清洁并密封、定位放置。

（6）化学药品合理存放，存放区域有明显标识。

（7）清洁用具合理存放，存放区域有明显标识。

（8）各环节无浪费现象。

（9）无其他安全隐患。

（10）规范使用各种表格，并合理归档。

22. 索证索票管理

（1）专人负责食品、食品添加剂、食品相关产品的采购索证索票。

（2）餐厅留存当批次食品、食品添加剂及食品相关产品供货方盖章（或签字）

图8-22 食堂消防管理现场

的购物凭证或供货清单(送货单)。

(3)购物凭证包括供货方名称、产品名称、产品数量、送货或购买日期等内容(长期定点采购的,与供货商签订包括保证食品安全内容的采购供货合同)。

(4)从生产企业或生产基地采购的,索要并留存其《营业执照》《食品生产许可证》、型式检验报告、该批次的产品出厂检验报告原件或复印件。

(5)从流通经营单位(商场、超市、批发零售市场等)批量采购的,索要并留存流通企业的《营业执照》《食品经营许可证》(食品流通许可证),及产品生产企业的《营业执照》《食品生产许可证》、型式检验报告、该批次的产品出厂检验报告原件或复印件;少量或临时采购的,索要并留存每笔购物凭证或每笔送货单。

(6)采购畜禽肉类,查验、索取并留存动物产品检疫合格证明;采购猪肉,还应查验肉品品质检验合格证明。

(7)同一个食品(不含肉类)的产品检验合格证明文件材料放在同一个档案袋中,同一个供货商的资质证明放在同一个文件夹内或所有供货商资质证明文件放在相册式的大文件夹内,分类存放。

(8)每笔购物凭证、肉类检验合格证明文件粘贴在原料采购台账相应采购日期页的背面。

(9)存放产品检验合格证明文件材料的档案袋注明食品品牌及名称,存放同一个供货商资质的文件夹注明供货者单位及名称，以相册式文件夹存放的，分类存放，标明食品名称。

（10）库房管理人员完整、如实登记《餐饮经营单位食品采购与进货验收台账》，保存期限不少于两年。

23.原材料出入库及存放管理

（1）项目设置毛菜库、主食库、调料库、物耗库等库房，如因条件限制，同一库房内应区分主食区、调料区、油蛋区、物耗区等。

（2）库房内无"三无"、过期、腐烂变质、长毛、发霉、生虫等不合格食品。

（3）危险化学物品存放柜专柜专锁。

（4）库房内设置退货区域，退货区标识明显。

（5）库房内粘贴地面定位标线，不锈钢货架粘贴物品分区红色标线，定位标线无脱落、翘角现象。

（6）库房内原料粘贴物料标识卡，预包装食品加贴物料图谱，物料图谱和标识卡内容描述与原材料相符。

（7）库房内物品分类、摆放要整齐。

（8）袋装、散装调料统一使用白色的保鲜盒、整理箱或圆桶进行盛装。

（9）库房内物品盛装容器标识明显，统一规格的盛用具标识粘贴位置高度要统一。

（10）预包装食品按照标签标注的贮存条件进行存放，并按照生产日期先后顺序依次摆放，生产日期靠前的，先行出库散装食品按照进货日期先后顺序依次摆放，进货日期靠前的，要先行出库。

24.库房卫生及硬件管理

（1）库房无异味，配备温湿度计，且能正常使用，库房相对湿度小于60%。

（2）无通风窗口的库房配备通风设施，且能正常使用。

（3）库房门口安装不锈钢材质的防鼠板、防鼠板高度不低于60厘米，防鼠板顶端粘贴警示标线，警示线无脱落、翘角现象。

（4）食品分架存放，隔墙离地10厘米以上，主食库设置防鼠台或防鼠架，防鼠台隔墙10厘米、离地60～80厘米。

（5）库房内无鼠迹、鼠粪，原料无鼠咬迹象。

（6）库房内设置粘鼠板、捕鼠夹（笼）等物理捕鼠装置，不得使用化学类药品、药剂捕鼠、灭鼠。

（7）库房门窗、货架无污渍、卫生死角，物品盛装容器洁净。

8.7 学校食堂动线设计

8.7.1 食堂空间流线系统的构成

由于餐饮空间功能要求的复杂性以及人员动线的多样性，根据流线所确定的平面布局往往具有多种形式，而合理的平面布局形式应该是多条流线与其影响因素综合作用的反映，其合理性正是流线设计优劣性的体现，可以通过距离、容量、速度、方向四种参数进行流线设计优劣的衡量。按照实际构成情况，可以将餐饮空间流线概括为"两大区域、三大系统、四种类型"。两大区域，即室外流线与室内流线；三大系统，即人流、物流与信息流；四种类型，即实际运行中的水平交通流线与垂直交通流线，使用状态上的单人流线与多人流线，运行性质上的单一功能流线与多种功能流线，以及形成室内交通枢纽的交叉流线。

8.7.2 影响餐饮空间流线的因素

餐饮空间由于功能需求的多样性，其所包含的流线种类较多，并且每一类流线涉及的内容与影响因素都较为复杂，各条流线之间关联性、交叉性强，一种因素对某条流线的作用很难说不会对其他流线造成影响。因此，餐饮空间流线设计应遵循大的原则，把握主导流线，细节上有所取舍。食堂的主要服务对象是学生，所以人流很大程度上决定了餐厅服务的工作内容。

8.7.3 食堂空间流线的分类

（1）学生流线，是指学生在餐厅用餐、逗留、离去的过程中所发生的行为动线，其活动范围主要集中在前台区域，即：入口门厅、候餐区、餐饮区、卫生间四个功能区域。学生流线的处理应考虑入口门厅与餐饮区之间的距离和方向，两者距离不能太远，并且连接两者的交通走道应直接、便利，不能左弯右绕，尽可能缩短就餐路线；如果食堂是多层建筑，应在入口门厅或候餐区处设置楼梯。学生的离去动线，应考虑在用餐完毕后不经其他区域离开餐厅，避免路线的迂回，防止流线交叉带来的不便。在通道的设计上，主通道的最小宽度也应为两股人流并行时的尺度，以满足学生进入食堂和离开食堂顺畅的需求。

（2）菜品流线，根据生产加工的流程，可划分为三个阶段：食物原料的验收与储藏、食物原料的烹饪与加工、菜品的出菜与送菜。在验收与储藏阶段，为使食物原料的入库及厨房所需物品的运达更为快捷，储藏区与厨房区应紧邻卸货区，缩短食物原料的供应路线；在烹饪与加工阶段，主食与副食两个加工流线要明确分开，从粗加工、热加工至备餐的流线要短捷通畅，避免迂回倒流；在出菜与送菜阶段，备餐间内部布局要与送菜路线相一致。

（3）垃圾流线，根据垃圾产生的位置，主要分为两种情况：一是指学生用餐完毕后，剩菜残羹的处理；二是指厨房内部生产加工过程中所产生的食物废料。在第一种情况下，由于构成大多为湿垃圾，其处理流线与餐后收拾餐具的路线相一致，送于后台洗涤区，在清洗餐具的同时便于垃圾的统一存放，并保持良好的排风以避免异味的产生；在第二种情况下，由于构成大多为干垃圾，为不影响厨师工作流程的连续性，可先存放在厨房区内，然后再集中统一清理，但应注意与洗涤区湿垃圾的分类存放及清运。

（4）消防疏散流线，是指餐厅发生火灾时，学生、工作人员的逃生路线，是内部交通空间所应承担的重要职能，具体反映在逃生通道的设计和处理上，其合理性直接影响到餐厅的平面布局。为了尽量不占用和打散使用空间，减少空间的浪费，逃生通道的设置应以节约和合理为设计原则，通道长度宜短并直接通向疏散口，不得迂回和倒流；若通道存在转折时，转折处应标有明确的指示标识；通道尽端——疏散口数量的处理应结合具体的餐厅规模、建筑层数、平面布局等因素综合进行确定，疏散口位置的处理宜采取就近原则，靠近餐饮区或厨房区，前后台人员的逃生线路应分别进行处理。同时，疏散门应采用外开或双开的形式，便于开启；疏散门及逃生通道的宽度应参照有关防火规范严格执行。另外，对于规模较大、人员密集度高、空间组合形式复杂的餐饮空间，逃生线路应具备多种选择，以及时分散人流。

（5）食堂管理现场见图8-23。

图8-23　食堂管理现场

第9章

校园教学保障

教学是学校的中心工作，校园物业服务应围绕教学这一中心进行展开。本章以"教学优先保障"为原则，为学校实验室、图书馆以及体育场馆的教学保障提供针对性的物业服务解决方案，以期更好地满足教学方面的物业服务需求。

9.1 物业服务坚持"教学优先保障"原则

教学始终是学校的中心工作，校园物业服务工作的中心任务就是突出教学中心地位，优先教学、保障教学、服务教学。教学后勤服务范围广、内容多，其所需资源是多方面的，这对物业公司的服务资源配置提出了更高的要求，在人力、物力有限情况下，优先满足教学方面的服务需求，切实有效地优化资源配置，是保障学校教学有序的必然要求。做好常规教学保障，从假期开始就对校园各项维修项目进行统计汇总，上报后勤处。开学前及时调整教室课桌椅、教室黑板油漆维修。准备各项教学办公用品，平时，积极组织人员采购、报修，努力保证各项工作的顺利进行。优先满足教学对资源的需要，突出教学的中心地位，才能实现资源优化配置。因此，坚持"优先满足教学"的原则，做好常规教学保障，在物业服务资源充足的情况下，积极采购配齐各班级、宿舍需求的卫生工具，认真对待学校工作中出现各种物品需求和维修要求，协助做好物资采购和维修工作。在物业服务资源紧缺的情况下，优先保证教学用房、实验设备、水电供应、房屋维修改造、照明、桌椅检修等服务，做到高度重视，主动服务，及时到位，以保证正常的教学秩序。

传统的物业管理经常套用教学楼、食堂和学生宿舍的物业服务方案，没有充分考虑实验室、图书馆等特殊教学楼宇的实际情况，没有针对特定楼宇的物业服务方案。

基于此，物业公司提出学校实验室、图书馆和体育场馆的物业服务解决方案。

9.2 实验室教学保障实践

9.2.1 实验室教学保障存在的问题

1. 服务内容不够全面、职责不够清晰

（1）安全管理范围不全面。当前学校实验室物业管理往往注重对建筑物公共区域的安全管理，对于实验室内部的安全管理关注不多，实验室内部的电气线路、危化品及大功率设备等容易引发安全事故，这些事故包括操作不当、线路老化、设备老化、危化品储存不当等，而这些安全隐患往往可以通过物业日常巡检发现。

（2）与学校职能部门职责边界不清晰。实验室正常运行需要安保、网络、维修等保障，物业管理部门与学校的实验室管理部门、安保部门、网络部门以及房产管理部门等往往没有清晰的职责边界，实践中甚至存在物业管理部门与职能部门推诿扯皮的现象，造成多头管理模式，物业服务人员需要跑多个部门才能完成一件事，大大降低了工作效率，同时也增加了学生的不满情绪，阻碍学校教学工作的开展。

2. 服务能力不够强、服务意识不够高

（1）物业管理人员缺少对现代实验室管理基本需求的认知，往往不能很好地理解学生需求，容易与学生产生摩擦。

（2）缺少成熟的信息化服务系统，物业服务数据不能得到有效的存储和统计，给后续物业服务质量埋下了隐患，例如，由于实验室的历次维修没有做好记录存档，会造成维修时过度拆改等浪费办学资金的问题。

（3）服务意识不强，学校物业管理部门作为后勤管理部门的一部分，相当于学校的一个职能机构，被裁撤的可能性较低，即使是委托社会化的物业公司，也是由后勤管理部门代表学校统一遴选和委托，实验室内学生作为最终"消费者"，对选择物业管理单位的话语权较低，在物业管理过程中往往缺少学生评价机制，服务对象对提供服务者没有评价权和选择权，即使学生对物业服务不满意，一般也没有被淘汰的风险，物业管理部门往往不注重提高服务质量，服务很难得到完善和提升。

3. 工作认同感低、人员稳定性不高

（1）学校物业管理人员处于被边缘化的位置，缺少各类思想政治教育，也缺少对其个人发展的重视。各类职业晋升制度往往都和后勤"合同制"的物业管理人员无关，导致其即使身处实验楼内，往往也很难感知到自己是在为学校教育服务，更难感知到自己是在为"立德树人"根本任务服务，缺少工作的光荣感和使命感。

（2）物业管理人员流动性大、稳定性差，当前学校物业管理岗位待遇同社会上同类岗位相比不具备明显的优势，甚至存在劣势，实验室物业管理难度大、责任大、压力大，在职业上升通道不明朗和薪资福利水平不高的情况下，物业管理人员辞职较多，物业服务频繁换人，每次换人都要较长的培训期和见习期，大大降低了物业服务质量。

9.2.2 实验室物业服务理念

1. 创新物业管理制度、完善物业管理职能

（1）"创新发展"是"五大发展理念"之首，是驱动发展的核心动力，推动学校实验室物业管理更好地服务于"立德树人"根本任务，深入推进实验室物业管理制度创新，彻底改变传统食宿类建筑的物业管理思维，物业管理制度创新要以解决物业管理部门与学校其他相关职能部门职责不清为目标。

（2）实验室内学生遇到问题需要协调学校多个部门解决，往往是因为物业管理部门和学校其他相关职能部门权责不清，造成物业管理部门在遇到学生诉求时有不服务或者选择性服务的权利，建立实验室物业管理责任制，赋予学生提出诉求物业响应的权利。

（3）实验室事务由物业管理部门归口管理，现有物业管理职能基础上增加实验室内部危化品等危险源管理、仪器设备使用管理、消防安全管理、电气安全管理、装修改造管理及能源使用管理等，有关实验室使用功能和使用安全的事务都由物业管理部门负责解决，物业管理部门无权或无法解决的，由物业管理部门负责协调学校相关职能部门解决，建立一站式实验室物业管理服务体系，即物业管理力量作为学校职能部门管理的补充，而不是平行于学校职能部门。

（4）建立一套功能完整的实验室物业管理信息系统，降低沟通成本，在系统上实现学生与物业管理部门、物业管理部门与其他相关职能部门、其他相关职能部门相互之间无障碍沟通。

2. 强化教育培训机制、树立以人为本管理理念

（1）专业的机构设置和管理队伍是实验室安全管理的保障，学校实验室的物业管理相对小众，要求物业管理人员既要具备常规建筑物的物业管理技能，还要具备科技含量相对较高的实验室运行保障能力，市场上成熟的人才不多，学校应该建立一套常态化的实验室物业管理技能培训机制，对物业管理人员进行全方位全过程的培训，使物业管理人员熟练掌握学校实验室物业管理技能。

（2）注重思想教育，树立物业管理人员为党的教育事业奋斗的理想信念。学校在实现实验室物业管理目标同时，要做到以人为本的管理，给予物业管理人员成长、晋升等个人发展的机会，改革人事制度，畅通"合同制"物业管理人员发展通道，建立表彰机制，对物业管理人员作的贡献给予肯定和重视，充分给予其参与学校教育事业发展的成就感和自豪感，增加物业服务人员获得感，增强员工服务意识，增强人员稳定性。

9.2.3 实验室管理具体内容

1. 设施设备管理规范

（1）实验楼的实验设备种类较多，功能各异，物业管理人员需根据服务楼宇的情况掌握一定的实验室管理知识，协助实验人员按照实验设备的操作规范和步骤正确管理仪器，不可随意进行操作。同时，长期在实验楼进行物业服务的人员要加强对自身的防护，在入职前进行专业化的培训，熟悉了解安全防护措施，防止对身体的侵害。

（2）实验楼中的消防设施是不可或缺的，依据楼宇中不同实验室情况配置不同灭火器，在火灾初期，根据不同的可燃物使用相应的灭火器，相关物业管理人员熟练掌握各种消防设施的操作方法。

2. 实验药品管理规范

（1）实验药品和试剂等实验必备材料需要的数量虽少但种类丰富，部分实验药品具有腐蚀性、毒性，故实验药品的清洗摆放按照规定进行，并且妥善保管。

（2）对于个别剧毒的实验药品实行双岗责任，试剂柜要上锁，不能将药品带出实验室。

（3）物业管理人员对于危险化学药品要有一定辨识能力，一旦楼内出现药品洒漏或外溢，在处理过程中要佩戴口罩、着清洁服并戴手套进行作业，与此同时，所清理废物要集中处理，不能与日常生活垃圾乱放。

3. 紧急疏散管理规范

（1）实验楼中可燃性的试剂药品较多，实验过程容易出现火险，若出现火情，物业管理人员使用消防设施杜绝火情蔓延，并且及时疏导学生安全离场。

（2）在物业公司进实验楼服务之前，制定详细的紧急疏散预警，对工作人员进行培训，一旦有情况发生可以有条不紊地进行疏散。在平时工作中定期组织相关人员进行演习，日常服务中强化昼夜巡检，防患未然。

9.3 图书馆教学保障实践

9.3.1 图书馆教学保障存在的问题

（1）管理者观念落后。很多学校图书管理者对于图书管理工作本身的认识不足，没有将其摆放在重要的位置上，缺少对应的信息管理意识和服务意识。部分图书管理者认为图书馆就是一个看书和借书的地方，没有将其作为信息中心来加以管理，针对图书的分类、搜集、整理等工作都没有落实，进而引发图书管理问题的出现。

（2）图书资源不足。学校图书管理，主要是为了能够满足学生的学习和娱乐，所以图书馆需要寻找各种有效资源，但是图书馆的资源往往会偏向于主要学科，对于娱乐性、休闲型的图书信息资源很少会涉及，学生的阅读要求得不到满足，自然而然就会降低借阅兴趣，这样也会影响图书馆的发展。在数据信息时代，图书馆馆藏资源不会局限于传统的纸质书刊，而是将数字资源和电子资源作为建设的主流趋势。为了实现图书馆馆藏资源的丰富，图书馆需要强调传统图书资源的建设以及数字资源的建设，这样才可以丰富资源，最终提升图书馆的服务水平。

（3）图书馆现代化建设水平较低。学校在图书馆建设管理方面的投资不足，导致图书资源购置费用严重不足，出现图书资源短缺，每一年能够购买的资源越来越少，使得图书馆资源更新速度较慢，最终出现文献资料老化的现象，降低学生的满意度。另外，资金投入方面的限制导致图书馆缺少资金购买先进管理设备，阻碍图书馆现代化的建设步伐。

（4）管理人员欠缺服务意识。图书馆作为文献信息中心，承担了为教学与科研提供服务的教学辅助机构的作用，其工作本质在于为学校提供更好的服务。所以，图书馆服务人员的工作性质就是服务，主要是向需要知识的人提供针对性的知识或者是知识载体、获取知识方法等。学校图书馆的管理质量，主要来源于管理人员服务水平与工作态度。如果图书管理员的服务不负责任、态度极差，就很容易让学生感觉到厌烦，这样会影响图书馆的形象。学校的图书管理人员没有对应的竞争和升职规定，对于图书馆管理服务意识不足，缺少服务热情，存在得过且过的心态，影响图书管理质量。

（5）物业服务要求难度大。与大多数公共物业的管理相比，作为文化类物业范畴的学校图书馆，其物业管理要求存在着诸多不同的特点：环境管理与氛围营造要求严格，读者群对服务质量的期待较高，公益性与服务性功能突出等。这些特点给物业服务人员的综合能力以及图书馆管理部门的管理水平带来了相当大的考验。

9.3.2 图书馆管理改革

（1）明确服务目标，融合文化。学校图书馆的物业服务是图书馆读者服务的有机组成部分。为图书馆及读者提供服务的物业公司，在进驻学校图书馆的前期就需要明确其服务目标与一般的公共服务物业项目有所区别，在引进先进物业管理模式的同时积极完成与学校图书馆自身文化的相互融合。同时，学校图书馆作为学校方，在招标投标前期考察物业公司时需着重了解企业的服务方针与目标。对读者而言，为其提供物业服务的人员与图书馆馆员虽然分工不同，但对服务质量的要求是一致的。在引入物业公司后，图书馆管理方应积极引导并构建和谐的图书馆、物业公司和读者的三者关系，实现在图书馆文化背景下的服务质量提升。

（2）建立质量手册，规范流程。服务质量手册是服务质量控制的重要依据，其中明确了服务质量控制的目标、适用范围及具体的服务流程，是实施和保持服务质量控制的主要文件。以安保监控为例，学校图书馆对公共安全、防火防汛的要求较高，因此安保及监控服务的压力也相应较大。安保及监控的服务管理是物业管理中最能体现专业技术服务与管理艺术相融合的模块，是物业公司的脸面和管理水平的具体体现。保洁工作具有经常性、循环性的特点，服务相对固定，操作过程中的变化较小，因此质量手册详细规定了保洁工作的操作流程，采用"计划—实施—检查—整改"的静态管理方法，并针对期末考试周等高峰时期和高峰时段进行动态调整。质量手册中的卫生保洁工作计划越详尽、越合理，工作目标越明确，职责划分越清晰，就越便于提升服务质量的保障度。全面完整的质量手册，详细规范的流程文件，为物业服务质量的多层面控制提供了关键保障，确保了物业服务以专业的高水平稳定运行。

（3）启用系统管理，辅助监督。启用质量手册实现了物业服务质量控制的软管理，利用技术手段进行系统管理则可以有效加强物业服务质量控制的监督工作，同时提高服务的准确性和工作效率。对于涉及一线读者服务工作的日常接待物业服务岗位而言，其服务内容包括了读者接待、图书馆临时阅览证办理、入馆证件查验、失物招领等多项具体的图书馆服务项目。物业公司管理图书馆可以使用的系统主要包括业务统计报表系统、失物招领系统、读者违规辅助管理系统在明确物业服务岗位的相关职责、详细了解图书馆的相关规定并准确无误地处理各类事项等方面，多种辅助系统的综合使用可以发挥重要的作用。在业务统计报表系统中，读者接待处的物业服务人员需按周提交相关数据，包括信件收发、办理的临时阅览证数量等数据；负责会议室预订的物业服务人员需按月提交会议室使用情况及费用缴纳情况表；保洁及工程维护人员则负责每周提交保洁工作及工程维修情况报告；各类包含详尽一手数据的报表及报告可以有效地帮助图书馆管理部门及时了解物业工作的情况，量化考核物业服务的质量。在失物招领系统中，物业服务人员按系统要求对失物进行规范处理：及时登记馆员或读者交来的遗失物品，如有读者认领，需验证系统中的物品信息，领取后及时更新记录；间隔一段时间未认领的物品，按规定上交学校有关部门。系统规范了工作流程，方便快捷、准确透明，有效提高了物业相关人员的工作效率，同时也方便了图书馆管理部门随时查验、追溯物品信息。在读者违规辅助管理系统中，物业服务人员以赋予权限的账号登录后，可参考图书馆规定的处理方式及合理的教育手段，进行读者违规信息的更新及部分违规行为的处理。读者违规辅助管理系统使得物业服务人员在规章制度的执行中有了更清晰的指导，有效减少了物业服务人员在解决读者违规情况时的纠纷。对于图书馆管理部门而言，通过系统可直观地了解物业的人员情况、出勤情况，为抽查监督及考核工作提供了极大的方便。各类系统具有规范的流程、清晰的思路、严格的权限、翔实的数据，避免了因物业服务人员交接、岗位变动造成的工作混乱，为图书馆管理方提供了准确客观的事实数据，全面提高了物业服务质量控制的可感知度、可靠性、响应度和保障度。

9.3.3 图书馆管理具体内容

1. 日常运维服务

（1）评估校园设备设施现状，制定维护保养计划及维保标准，按计划及要求进行的维护，并通过定期监测设备运行参数，预测故障，进行预测性维护。

（2）对重要的设备做定期维保计划，并按计划及标准有序执行。

（3）每月对报修工单事件进行统计分析，查找降低报修事件的策略并实施，降低设施故障发生概率，提升设施服务质量。

（4）通过及时纠正已经出现的设备设施故障，使其恢复到最佳的运行状况。着重强调由员工主动发现纠正性维护的需求，旨在减少老师和学生报修情况的发生，尽可能地避免分散客户的精力。

2. 环境保洁服务

（1）错峰管理，最大限度地提升员工作效率，从而提升效能，通过确定日、月、年黄金服务时段，使日常服务及专项服务有计划性开展，减少因清洁作业而产生的干扰，给学生提供一个舒适、无打搅的学习生活环境。

（2）注重现场清洁设备与工具管理标准化，建立适合图书馆的可视化标准，涵盖工具、流程、识别、文件等多方面内容。

（3）注意清洁药剂的使用，确保现场使用的所有清洁药剂都不会对现场环境造成破坏，物业公司应加强现场员工培训，防止因清洁药剂使用不当而造成的事故。

（4）为了降低交叉感染的危险性，物业公司使用的清洁抹布根据不同洁净度要求和区域功能，使用了不同颜色和材质的清洁抹布。

（5）学校图书馆现场见图9-1。

3. 秩序维护服务

（1）物业服务人员应维持图书馆区域内消防、治安和秩序处于良好情况，发现问题及时通报上级，做好交接班记录。

（2）对于非校内人员及学生进入图书馆，应做好人员进出的登记工作，并做好可疑物品的检查工作。

（3）物业服务人员应协助学校图书管理人员对学校的馆藏图书进行管理。

图9-1 学校图书馆现场

4. 消防与应急服务

（1）由物业公司牵头组织应急服务小组，根据学校图书馆实际情况编写应急预案，配置并管理所需的应急资源。

（2）制定检修计划，定期对图书馆消防设施进行检查和维护。

（3）制定学校图书馆专项消防预案，通过多种途径进行图书馆消防安全知识宣传，每年至少进行一次学校图书馆消防和应急安全演练。

9.4 体育场馆教学保障实践

9.4.1 体育场馆教学保障存在的问题

（1）校园物业服务社会化改革的重要目的是为学校减轻后勤管理上的负担，以保证学校用更多的精力去抓教学科研，学校体育场馆的物业管理是校园物业服务社会化的一个重要组成部分。

（2）随着学校办学规模的普遍扩大，学校体育场馆的建设跟不上扩招的速度，加之学生对教学环境要求的不断提高，学校体育场馆的数量和质量已远远满足不了体育教学的要求。怎样充分利用原有场馆，提高原有场馆的完好率和使用率，延长现有设备设施的使用寿命，已成为缓解矛盾的当务之急。

（3）由于缺乏专业的管理模式和技术人员，造成学校体育场馆及其配套设备设施使用寿命减少，维修周期缩短，维修成本增加，目前的体育场馆管理模式已经不能适应形势的需要。

9.4.2 体育场馆管理改革

（1）体育场馆的物业管理属于特种物业管理，与其他种类的物业管理有着很大的不同。学校体育场馆，由于其功能和作用的教育属性，使学校体育场馆的物业管理又与社会体育场馆的物业管理有着很大的区别。

（2）创建学校体育场馆的物业管理模式和方案，首先应该研究和确立学校体育场馆物业管理的功能，只有对学校体育场馆物业管理的功能和作用进行了正确的定位，才能有效地建立与之相适应和配套的学校体育场馆物业管理组织结构、管理模式、操作程序及服务内容，才能最大限度地保证学校体育场馆物业管理的方向性和目的性。

（3）正确设计和分配学校体育场馆物业管理的功能有利于学校对物业公司及其质量标准进行科学监理、督促和检查，从而确保学校体育场馆物业管理服务水平的不断提升和发展。

（4）物业管理的本质是服务，学校体育场馆的物业管理就是搞好教学服务，满足教学和运动休闲的要求。物业服务要与学校的育人环境有机地、和谐地统一起来，因此，其主要功能为学校学生创造良好的体育教学和运动休闲环境。学校的体育场馆是学生学习体育，进行身体锻炼以及学生参加休闲活动、生活的重要场所。要搞好学习，首先要有一个良好的环境，要有良好的设备设施。学校体育场馆从使用功能上讲，更多是学生进行教学活动和运动休闲的场所，学生对学习环境的要求并不亚于对生活环境的要求，因为整洁、清新的学习环境不仅能保持学生身心愉悦，更能有效地提高教学和学习效率。

（5）学校体育场馆的一个显著的特点是学生的流动性较大，体育场馆使用的频率较高，这给环境的维护造成了极大的难度。另外，从社会稳定和发展的角度来讲，学校是一个十分敏感的区域，因此，公共秩序维护的责任极其重大。这些特点决定了学校体育场馆的物业服务以高标准、高质量的要求进行和实施，在不断引进商业物业管理专业标准的同时，还要针对学校的实际情况，提出特定的标准和要求。

具体地说，学校体育场馆物业管理的全部工作就是为学生创造"整洁、文明、安全、方便"的学习和生活环境，确保学生能在舒适、安全、优美的环境下学习和生活。首先在环境卫生方面，要确立专业操作、保持整洁、服务教学的目标。

在具体操作当中，一方面要全面引入物业管理行业具体操作模式及质量标准，并严格参照标准进行规范化、程序化地实施；另一方面针对学校体育场馆的特点及教学活动的要求进行点对点的操作，利用岗位安排、提高标准、特别突击等方式来应对学校体育场馆使用频率较高、临时性要求较大等问题。例如，学校的各种大型活动开展较为频繁，每次大型活动之前都进行清洁卫生突击清理，以达到活动组织者及学校的要求。在清洁卫生服务工作中，要全面提倡量化和细节管理，促使各项环节都能够进行数字化的表示，建立完整的质量体系。其次，在公共秩序维护方面，要确立安全第一、规范操作、责权统一的目标。安全及消防工作应该是学校体育场馆服务工作中的重中之重，它直接关系到学生的切身利益，关系到学校的利益、稳定和发展。

由于人员流动性较大、运动的特点等原因，学校体育场馆出现的状况是较多的，安全管理难度极大，例如，内盗现象突出、打架等暴力冲突，特别是举办大型的竞赛和活动时，任务尤其艰巨。物业公司通过严谨、科学、规范的管理，充分利用各种安全防护技术，确保公共秩序处于有序、安全、健康的状态。这就特别要求物业管理部门随时反馈和总结管理信息，随时调整操作办法，以适应不同时段、不同部位要求。物业公司主要是对公共秩序进行维护以及对所托物业进行消防安全管理，学校应该全面负责重点物资和部位的保全。因而一定要做到职责清晰、责任分明，协调合作。

总之，学校与物业公司明确在安全管理上的契约关系，从而形成协调有序、坚实牢固的整体。为体育教学服务，保证场馆设备设施的完好率，体育场馆配套设备设施的维修养护直接关系到参加运动的学生安全和体育教学与运动训练的顺利进行，物业公司应该建立完善的维修养护制度，严格的操作程序和质量体系。由于体育场馆配套设施的使用特性，物业公司应该在每次使用后指定专业维修养护人员对场馆的配套设备设施进行养护维修，杜绝事故发生，保证设备设施的完好率。

（6）学校体育场馆目前基本上都是由体育教学部门管理，维修养护由后勤部门执行。由体育教学部门管理，有自己本身的优势，他们有专业的体育人才，但是他们没有专业的管理人才、经营人才和技术人才，这对体育场馆的管理与经营做到良性的运行无疑是致命的弱点。学校扩招后，场地器材的建设跟不上学生增加的速度，学校体育场馆匮乏，满足不了体育教学和学生运动休闲对场地的需求。学校体育场馆及其配套设备设施的使用寿命和完好率都比较低，原因主要是由于管理不到位，许多新建场馆的配套设施刚开始使用就要维修了，这不但影响教学与训练，还大大增加了维修养护费用，增加了开支。因此学校体育场馆引进专业物业管理，能有效地引进专业化的管理，对场馆机器、配套设施有效地检查和及时地维修养护，延长使用寿命，使场馆及其配套设施经常处在一个良好的运行状态。这不但为学校的体育教学提供了良好的场馆保证，保证了体育教学及学生运动休闲的进行，而且还降低了维修养护成本。

9.4.3 体育场馆管理具体内容

1. 体育场馆日常管理

（1）物业公司协调和配合学院相关职能部门，认真落实安全防火、环境卫生、岗位职责、设备器材等一系列关于场馆管理的各项制度和规定，加强对场馆的监督和检查，保证场馆的安全，保持良好的教学环境，大力提倡节水、节电及节约各类消耗品，树立管理育人、服务育人的宗旨，为学生提供安全的体育锻炼和训练的良好环境。

（2）每个学期，物业公司要按照学校提供的课程安排表、规定的学生人数以及体育活动计划，保证场地卫生、及时准备器材，合理安排场地，按时开、闭场馆。

（3）凡利用场馆进行教学、训练、竞赛、集会、健身或从事其他活动的单位和个人，要自觉遵守场馆的有关制度和规定，对于故意违反管理规定者，物业公司管理人员有权进行批评，必要时交送学校处理。

2. 物业管理人员职责

（1）物业公司负责体育场馆和其他教学设备全面管理，其工作任务是为教学、训练、竞赛以及对外开放等工作需要，提供卫生保洁、安全保卫、场地器材、仪器设备等方面的服务。其职责是认真落实学院领导及相关教学部门下达的指示和要求，努力为学校的教学、训练、竞赛、群体活动等提供热诚服务。

（2）发现场馆内有安全隐患、设备损坏、能源浪费等现象时，立即采取措施抓紧维修，消除隐患。场馆管理人员有责任迅速采取措施。若其自身能力不能解决或不属于自身管理范围的事项时，应及时向上级领导汇报，或请有关部门协助解决。

（3）各场馆管理负责人应全面负责本人所在场馆的安全、消防、卫生、秩序、器材借用、归还和设备报修等事项。在教学、训练时间，清理无关人员离场；课外体育活动时间，清理校外人员离场。

（4）场馆管理人员要树立管理育人、服务育人的思想，团结协作，顾全大局；按时上下班，上班期间要坚守岗位，下班后及时关灯、拉闸，做好防火、防盗工作；按时发放与收回借出的器材。体育馆内器材的布置和回收要注意轻拿轻放，不得在场上拖拉器材。器材归类摆放整齐。长期不用的器材要及时收回保管，做好分管场馆的清洁卫生，雨雪天和沙尘天及时清扫积水、积雪和尘土；经常检查场地、器材、设备，如果有设备损坏，及时维修，维修不了的及时向上级领导汇报。

（5）体育场馆是俱乐部教学、训练、竞赛和艺术教学、表演等活动提供物质保障的场地，管理人员要提高自己的服务意识和服务水平，保持场馆的整洁有序。文明服务，热情待人，言语和气，礼貌周到。

（6）所购买的一切体育和艺术设备、器材、服装、用具等都办理入库手续，清点数量、检查质量合格后才可填写入库单；领取物品要填写出库单。借用和租用仪器、器材等物品要写好借据，归还时应认真检查物品的数量和质量，凡发现其数量不全或物品损坏时，应要求借用或租用者予以赔偿。

3. 体育场馆安全、消防和卫生管理规定

（1）体育馆内和塑胶场地内严禁吸烟、严禁使用明火。物业管理人员应熟练使用消防器材。

（2）消防装置、设备和体育馆的门窗应定期检查，损坏和有故障的要及时修理或更换。场馆的门和房间钥匙须由专人保管。场馆内器材设备使用时要符合操作常规，不得随意使用和搬动，避免人为损坏。

（3）为防止火灾发生，严禁下列行为：占用疏散通道；在教学、训练期间将安全出入口上锁；遮挡消防安全疏散通道标识；严禁违章用火用电，例如，电气焊、电加热器等，储存、使用易燃易爆危险物品；在不明电容量的情况下，使用、加装大功率电器设备。

（4）节假日和夜间值班人员要坚守岗位，尽职尽责，遇有火灾、被盗等特殊情况时，应积极采取措施并及时向有关部门和领导报告。

（5）物业保洁人员负责日常环境卫生工作，严格按照相关规定，实施对场馆卫生的打扫、布置、监督和检查的权力。

（6）体育场馆内禁止随地吐痰、吐口香糖，禁止乱扔果皮、纸屑等废弃物，禁止在墙面、椅面和桌面上随便刻画、涂写。

（7）场馆内卫生间每日须清扫。逢大型活动时，服从有关负责人的调动，场馆内、主席台、看台席要彻底清扫、擦洗，保证无灰尘、无落叶、无污迹。夏季，卫生间等处要定期喷药、灭蝇、除味。

（8）爱护草坪，未经许可，严禁进入和践踏草坪。爱护围栏，严禁攀越围栏进入场地。

（9）学校体育场现场见图9-2。

图9-2 学校体育场现场

第10章

校园安全风险管控

学校安全风险防控工作的有效开展，是维护学校教育教学秩序、保障学生生命健康、促进社会和谐稳定的必然要求。围绕安全风险的预防和管控，加强不同时间、不同区域的风险管控，是开展学校安全风险防控工作的主要抓手。校园安全风险管控是消除安全风险隐患、降低学校安全事故发生率的重要支撑，从源头上把控学校安全危险源和风险点，为学生创造健康学习生活的校园环境。

10.1 物业公司对寄宿类学校风险管控的认知

学校安全风险管控的基本原则是"防重于控"，核心问题是如何对学校校园安全风险进行识别、预警与削减，但并非所有风险都能被准确识别、及时预警和有效削减，因而也要强调"管控"的作用。将全面风险管理理念运用到学校安全管理工作中，是全面风险管理理念的具体应用与拓展。通过对学校有可能面临的安全风险进行分类分级，并对风险进行识别、评估、预测、监控等，从而采取相应的管控策略，最大限度地减少风险发生的可能性或危害后果，确保学校学生身心、财产不受侵害，维护教育系统安全稳定的管理过程。

为确保学校校园安全风险管控的框架符合学校校园现实需要以及相关法律、规章、标准的规定，具有科学性、针对性和可操作性，应以《中华人民共和国未成年人保护法》《中华人民共和国教育法》等法律法规、预案、地方政策文件等作为机制构建的基本依据。整合学校校园全面风险管理、应急管理等理论的研究，从全面风险管理的流程出发，构建包含多种要素的学校校园安全风险管控机制，包括制定风险准则、风险点确定、风险控制措施及持续改进的措施。

10.1.1 制定风险准则

（1）明确学校安全风险环境信息。在风险频发的社会背景下，学校校园面临的风险既有来自学校内部的风险，又有来自学校外部的风险；既有自然灾害造成的风险，又有人为因素导致的风险，甚至还有综合因素引发的风险。因此，物业公司应协助学校首先了解其所处的风险环境信息，明确风险管理对象，确定与学校相关的内、外部风险因素，并设定风险管理的范围和风险准则。

（2）明确学校外部环境。为保证学校校园在制定风险准则时能充分考虑外部利益相关者（即学生家长、监管部门、社会舆论等）的目标和关注点，学校需要了解外部环境信息，包括学校安全相关法律、法规、政策、标准等明文规定和上级部门对学校校园安全管理工作的监管要求；学校所处地理位置是否易发地震、洪水、泥石流等自然灾害；影响学校周边治安环境的因素；家长对学生在校安全的诉求、价值观和风险承受度；家长、学生与学校的关系等。

（3）明确学校内部环境。学校校园安全风险管理的过程要与学校的特殊性、教学活动、学生特点及脆弱性相适应，具体包括：学校安全管理工作的目标、范围和实现学校安全所需要的资源；学校安全管理的组织结构、管理过程和具体措施；学校、教职工、学生对安全的诉求，价值观和风险承受度；学校安全风险评估方法和使用数据；对风险管理进行持续改进所需的绩效评价方法等学校内部影响其风险管理的任何事物。

10.1.2 校园风险点确定

（1）风险点划分。物业公司对学校可能存在的不良环境、不安全行为和高危险区域按照设施、区域、人群、行为及风险类别等方式划分风险点。学校安全风险点一般可以划分为静态风险点和动态风险点。其中，静态风险点主要包括设施、设备、场所、区域，例如，学校教学用房、宿舍、餐厅等人员密集场所，消防安全疏散通道，校内雕塑、人工湖、围墙等设施，体育场地及器材等。动态风险点主要是指学生行为、教学活动导致的风险点或潜在的隐患，例如，校车、校园欺凌、实验室操作等。

（2）风险点排查。物业公司建立安全风险隐患排查治理工作机制，对教学活动、学校各类安全隐患进行风险点识别，形成风险点名称、所在位置、可能导致的事故类型、风险等级等内容，进行风险点排查。风险隐患排查方法具体包括"日检查、周巡查、月集中排查""每日排查、定期排查、专项排查、特别防护期排查""学校自查、校间互查、教育部门督查"等方式。

10.1.3 校园风险评估机制

风险评估是开展风险管理工作的核心内容，包括识别风险源、潜在后果；分析风险发生的可能性、影响后果及风险的其他特征；判定风险等级、评估可接受程度三大环节。

（1）风险识别。导致学校校园安全事故发生的根本源头是风险源，因此风险识别是风险管理的起始环节，只有充分识别风险，才能持续发现、及时预知新风险，明确其对学校的影响程度，有针对性地制定措施和选取应对手段，进而有效规避、化解风险。

首先，收集基础资料，确定识别的范围是开展风险识别活动的前提。通过梳理法律、法规、政策及相关标准的规定，了解学校校园安全管理的指导思想和工作方向；通过查阅学校校园建筑、教学设施、体育器材、特种设备等法定检测报告，明确学校校园设备设施的法定标准；通过了解实验室设备使用说明书、突发事件应急处置措施，判定实验室操作中的潜在风险和可能发生的事故，并判断应急措施是否符合实际。

其次，确定风险识别的内容，是进行风险识别的核心环节。从两个维度对学校校园安全风险源进行探讨，物业公司进行的风险识别工作是对实体风险源风险状况的识别，例如，消防安全、交通安全等，但在实际工作中，学校安全风险源还包括非实体的风险源，例如，意识形态、心理安全等涉及学校安全稳定的风险源。因此，学校校园安全风险识别机制包括实体风险源识别和非实体风险源识别两个方面。其中，将实体风险源划分为校内风险源和校外风险源。校内风险源包括消防安全、实验室及危险化学品安全、食品安全、校舍安全等；校外风险源包括交通安全、学生溺水风险、校园周边环境安全、自然灾害隐患等。非实体风险源主要指影响学校安全稳定的风险源，包括意识形态、心理安全、宗教信仰等。对风险源进行分类可以提高工作人员全面识别学校安全风险的信息与特征，降低学校安全事故发生的概率。

（2）风险分析。风险识别工作为后续的风险分析工作提供分析方向。风险分析的主要任务是确认风险的类型、特征、原因、可能性及后果，对识别出的风险进行定性和定量分析，为风险评价和风险应对提供依据。结合当前学校校园安全风险的实际情况，在风险识别的基础上，从风险源分析、风险受体分析两个方面开展风险分析工作。

首先，风险源分析是指收集已经识别出的风险源信息，对学校校园安全实体和非实体风险源进行鉴别和分析，并对其危险性进行综合评估，得出各风险因素的风险程度。风险源危险性是指在风险环境下，给学校环境、学生以及学校教职工造成损失的学校安全事故发生的可能性。

其次，风险受体分析是指对学校校园安全风险受体的敏感性和恢复力进行分析，得到学校安全风险受体的综合脆弱性水平。受体脆弱性是指学生以及学校环境构成的承载体受到学校安全风险冲击后的易损程度，受体敏感性和受体恢复力共同决定了受体脆弱性，敏感性、恢复力越强，脆弱性越弱。其中，敏感性分析包括人群密度、学生年龄、受体安全意识；恢复力分析包括组织体系建设情况、安全教育情况、技能培训情况、演习演练情况。

最后，为提高风险分析的准确度，综合运用定性与定量风险分析方法，开展风险分析工作。以学校实际情况为导向，一方面运用定性风险分析方法，分析某风险的发生机理，按风险所产生的可能性及影响大小对其进行排序，从而确定风险类型，以便后续系统性分析与整改；另一方面，运用定量风险分析方法，逐一分析风险发生的可能性，预测其破坏程度，量化分析每一风险的概率和后果，以及各种风险对学校安全目标的影响程度，明确最需要关注的风险，为分析其风险等级提供数据资料。

（3）风险评估。风险评估是将风险分析结果与风险准则进行比较，以确定风险和其影响程度的可接受或可容忍的过程，通过确定风险等级，做出风险应对的最佳决策，即在综合危险性分析和脆弱性分析的基础之上对风险因素给学校环境以及学生带来的影响程度差异进行再次评估的过程，以确定学校安全风险水平及分布状况，即在综合考虑学校校园面临的各类灾害、突发事件、安全隐患和学校自身应灾能力的基础上，评估哪些风险比较高。

10.2 基于时间节点的物业服务风险管控要点

10.2.1 寒暑假时间

（1）根据校历以及学校总体工作计划，提前半个月做好人员、事务的合理安排，确保假期安全、工作有序。

（2）假期开始前需强化管理服务人员的安全管理意识，要求全部人员熟悉事件报告制度，熟练掌握相关应急处理流程，发生紧急情况时按照相应程序及时报告和应急处理。

（3）放假当天校外人、车急剧增加，需要高度关注校园周围的车辆拥堵情况，执行前期制定的交通疏导工作。

（4）假期期间，物业公司可以合理利用假期时间开展设备检修维护、集中清洁、员工培训等工作。假期结束之前，应提前规划好开学准备工作。

（5）根据学校对假期管理工作的要求，结合留宿人员的数量，经学校同意，决定是否实行集中住宿安排。若有调整日常服务频次的，应制定与之相对应的假期管理方案。

（6）对于学校指定的楼宇进行封闭或局部区域的封闭，应提前做好通知、封场前的清查工作等，并制定巡检制度。

（7）物业公司可以考虑对大型设备的工作时间和能源供给范围进行适当调整，以节约能源、降低能耗。开展设施设备检查保养、协助处理楼宇大中修工程、设备的检修等。

（8）制定设施设备检查保养专项计划，重点考虑空调、排水设施及其相关的配电柜、系统检查保养，按计划完成管理范围内各设施设备的检查保养工作。

10.2.2 入校时间

（1）物业公司要在学校通知迎新工作安排后，成立迎新工作小组，配合学校制定迎新工作方案。

（2）成立物业保障突发事件应急处置领导小组，切实加强对校园突发事件的组织、协调和处置。为了防止学校毕业生入校期间突发事件的发生，确保校内治安秩序稳定，根据学校相关要求，结合实际情况，制订入校期间应急预案。处置突发事件要立足于疏导、教育、化解矛盾。

（3）入校前为新生宿舍开通水电，检查确认宿舍设施、设备是否完好。新生报到要求根据分配方案发放钥匙，核对宿舍及学生注册信息，最后确认入住。

（4）入校期间，人员密度和流动性大，秩序维护、环境管理等方面难度较大，要求物业公司保洁、保安、维修工作人性化、精细化、做到零干扰服务。

（5）新生入学会有很多亲属陪同来校报到，学校内人员数量急剧增加，需要格外关注新生、陪同亲属的住宿问题、就餐问题。

（6）为保障迎新期间校园交通安全顺畅，可配合学校组织开展交通疏导，维持现场秩序。有条件的可对校园周边及校园内进行交通管制，开通校园接送车，免除入校学生、接送人员徒步之劳顿。

（7）一旦发生突发事件，要第一时间向学校汇报，并在学校的直接领导下，根据事件的性质、原因、规模、危害程度和发展势态，及时采取相应对策。

10.2.3 离校时间

（1）建立离校学生信息档案，为学生办理离校手续提供快捷、方便的服务。

（2）协助学校制定相关的流程，配合学校完成学生离校的各个环节，确保学生文明、安全离校。

（3）预防"离校综合症"及突发事件的发生。学生离校前夕，通宵打牌、乱抛杂物、酗酒宣泄、打架斗殴、破坏公物等，甚至有过激行为的发生。物业公司可配合学校对学生进行思想教育、情绪疏导，把问题解决在萌芽状态。建立突发事件应急处理小组，一旦发生突发事件，应立即报告学校，控制现场，防止事态扩大，加强重点要害部位的安全保卫，协助学校及时处理。

（4）成立离校工作小组，根据学校离校安排，制定详细的离校工作方案、流程、应急预案等，将每一项工作细化并责任到人，落实到位。

（5）节假日离校，要加强巡视力度、维护正常秩序、及时处理突发事件。

（6）离校过程中，物品的搬离、运送，学生宿舍的清理等是重点服务内容。

（7）离校期间，要正确引导学生、有序办理各项手续；加强对交通疏导及外来车辆停放管理；增强值班，加强宿舍管理和校园巡查工作力度，并做好秩序维护、水、电的保障工作。

（8）学生离校后，物业公司应安排专人对学生宿舍水电设施、室内家具进行巡查，关闭水电电源，发现问题及时处理，做好详细记录；对学生公寓进行清查，确保无人员滞留；合理安排人员，提前储备保洁用品用具等物资，联系相关部门增加垃圾车的数量、外运次数，确保外运垃圾的畅通；对宿舍的桌椅、门窗、卫生间等部位进行一次全面的清洁、消毒工作，确保环境整洁、清除卫生死角。

（9）毕业生退宿前，配合学校对清查毕业生公寓资产，检查公共设施、设备完好情况，排查安全隐患，确定无误后，收取钥匙，在毕业生所持离校通知单上签字，办理退宿手续。

（10）物业公司要协助学校进行会场和校园的布置、清洁、美化工作，确保毕业典礼圆满完成；提前在毕业楼栋张贴"离校办理流程图""毕业祝语"，告知学生离校注意事项；做到"以学生为本"，安排"服务咨询日"，提供人性化、便捷的服务，例如，提前联系物流公司进行行李托运相关事宜、提前为外地学生提供订票服务、为毕业生提供离校送行服务等。

10.2.4 上下课时点

（1）上下课时间阶段，是校园内人流量急剧变化的阶段。物业公司通过日常观察确定容易发生风险点的位置，确定风险管控的方案，并派保安人员到关键位置值守。关键位置包括上下课卫生间、教学楼、楼梯、食堂出入口。

（2）下课前，楼层保洁需要到卫生间进行检查，确保卫生间地面干燥，防止学生滑倒，确保蹲位、小便池和洗手池无堵塞。

（3）上课后，楼层保洁需要开展卫生间巡视保洁，确保卫生间的干净整洁。

（4）工程人员根据报事报修，利用课间及时进入教室、实验室、机房等空间，完成设备的检修工作。

（5）社会机构也会利用学校假期，借用学校场地组织各类活动，应注意校外人员的入校管理。

10.2.5 大型校园活动

（1）理解学校大型活动的作用和意义，明确物业公司的岗位角色、责任和方法；根据学校的要求，分析各阶段活动项目管理的特点，掌握活动策划、实施、管理和保障过程中的关键点和必备知识技能；整合管理团队关键成员，确定活动所需要的专业技术与行为，并找到拥有这些技能的合适人员；明确风险的承担者；在管理团队中建立信任与沟通渠道。

（2）学校每年都会在固定时间开展大型活动，根据学校的需求开展各类大型活动，例如，运动会、动员会等。由于学生思维活跃，但是心智不成熟，组织意识性较弱，喜爱新奇事物，所以大型活动的学生安全是风险管控的关键点。

（3）大型活动的种类很多，每种类型的活动服务管控的重点也各不相同。例如，运动会服务管控的重点包括：运动会开始和结束时人流疏散，运动器械的完好，大量垃圾的清运，开闭幕仪式和颁奖仪式的会务服务等。重要参观的服务管控重点包括：参观时的现场秩序维护，相关设备的完好使用，参观现场的环境卫生，参观时的会务服务等。学生学习动员会服务管控的重点包括：活动现场的秩序维护、音响设备的完好使用、环境卫生。

（4）根据学校在安保方面对物业服务的要求制定详细的安全防护方案。落实安全责任人，实行安全责任制。根据学校大型活动安全要求，建立相应的管理组织和规章制度，制定切实可行的安全防范措施。举办大型活动，除保证活动的正常进行外，要严防发生各类事件，包括刑事案件、治安案件、治安灾害性事故和各类安全事故。

（5）举办活动前，主管负责人到现场进行认真细致的检查，开展事故预防活动，采取相应措施。对安全管理人员进行教育，增强其安全防范意识，明确安全防范任务、责任、要求。

（6）派出维持秩序人员，禁止无关人员入内，禁止携带易燃、易爆、危险物品入内，禁止打架斗殴、起哄闹事等各种违法违纪行为，创造一个文明祥和、秩序井然有安全感的环境。

（7）对举办大型活动的场所，提前进行安全检查，发现隐患及时消除。加强对活动场所火源、电源、气源、水源和易燃、易爆、危险物品的管理，活动中使用的设施设备、用具用品的管理，严防各类案件、事件、事故的发生。

（8）妥善处置各类情况并及时请示、报告。建立消防应急小组，制定消防应急方案。

（9）制定活动设备运行保障方案。活动前做好调查工作，包括活动场地的调查；供电及用电系统的调查；活动节目分析；演出伴音载体的调查；设备器材的准备和使用。活动演出因条件所限，舞台工作带有临时性，缩短工作时间，提高工作效率，除了让准备工作尽快完成，还要方便演出后拆卸。

（10）制定礼仪服务方案。活动礼仪接待服务工作的宗旨是"宾客至上、服务第一"，就是要在管理和服务中讲究礼貌、礼节、使学生满意，留下美好印象，做到"礼貌服务、微笑服务、周到服务"。

10.3 不同服务区域的物业服务风险管控要点

10.3.1 学生宿舍

（1）学生宿舍是学生生活、休息的地方，除了正常教学以外的大部分时间，学生都是在学生宿舍度过的。所以学生生活的方方面面，例如，水、电、暖等都是物业服务容易发生风险的地方。

（2）做好学生宿舍的门禁管理，值班期间如有学生回宿舍，须按学校要求进行查验请假条，在老师许可下并在《学生回宿舍登记本》上进行登记方可进入宿舍；维修人员及外来人员进宿舍，须经学校同意并在《宿舍来访人员登记本》进行登记，并全程要跟踪进入宿舍情况直到出宿舍。

（3）平时应做好宿舍楼道、卫生间和淋浴间的保洁工作，保持地面干燥，防止学生滑倒等安全事故的发生。

（4）定期开展有关安全设施、设备的巡检工作，检查安全、卫生及设备完好状况，合格率95%以上，发现问题及时报修，并做好记录，杜绝影响学生正常生活住宿的情况发生。

（5）学生公寓内有安全规定（或隐患）的场所，保持标识的完整性、正确性、清晰性，以保证人员能得到必要的安全警示和提示。

（6）开展常规性和专题性宣传教育，特别是开展消防、防盗、安全用电等方面的指导。

（7）定期进行学生寝室的安全检查。

10.3.2 实验室

（1）实验室作为科研和教学的重要基地，因其所从事的活动和使用物品的特殊性，具有较大的风险。实验室的安全工作、环境保护工作、消防工作是关系到人身和财产安全的头等大事。在服务提供过程中物业公司应严格遵照合同要求及实验室管理制度，避免出现服务风险。

（2）坚持"安全第一，预防为主"和"谁主管谁负责"的原则。

（3）实验室管理制度，要张贴在明显地方，严格贯彻执行。

（4）每逢重大节假日要进行安全检查，发现问题及时纠正。

（5）对设备，要制定严格的操作规程和相应的安全保护措施。物业公司应定期对实验室安全技术管理工作执行情况进行检查。

（6）实验室要做好通风排气工作。有毒药品的使用要严格按规定操作，如有洒落，应立刻采用科学方法处理。接触过有毒药品的手，应及时清洗干净。

（7）对易燃、易爆和剧毒等危险品，要按规定存放，并妥善保管。领用时经保管人员批准，同时要有可靠的安全防范措施，剩余部分要立即放回，并做好详细记录。

（8）电器设备和电源线路按规定装设，禁止超负荷用电。不准乱拉乱结电线。

（9）实验室内不得明火取暖，严禁抽烟。

（10）配齐消防器材并能保证应急使用。物业公司相关人员学习和掌握实验室伤害救护常识，能在突发事故中做好急救工作。

（11）对违规操作，玩忽职守，忽视安全而造成火灾、被盗、污染、中毒、人身重大损伤，精密、贵重仪器和大型设备损坏等重大事故，物业服务人员要保护好现场，立即向学校报告。

10.3.3 校园出入口

（1）学校大门是学生安全的第一道防线，校门的管理水平和应急处置能力直接关系到在发生突发事件时，能否将危险隔离在校外。

（2）应严格落实安保人员值守和内部巡查制度，定时对安保设施进行检修。

（3）校园门卫室内应有一定数量安保器械，例如，防暴盾牌、防暴钢叉、橡胶辊等基本器材，让安保人员对应急事件有一定的处理能力。

（4）在上、放学期间，保证学校各出入口的安保人员数量，做好学生上、放学期间的护导工作。

（5）严格门卫登记管理制度，做好外来人员登记，登记的目的是核实来访者的身份，清楚来访者的目的，是否会对校园安全造成影响，控制外来无关人员进入学校，坚决制止校外有精神病症状的人员进入校园。

10.4 学校特殊事件风险管控要点

10.4.1 自然灾害事件

1. 增强学生自然灾害的风险防范意识

组织开展自然灾害安全知识的宣传活动,可将有关自然灾害安全知识做成卡通图片、小视频等,提高学习自然灾害安全知识的生动性与趣味性。

2. 提升学校硬件设施的防灾减灾能力

学校硬件设施的防灾减灾能力是自然灾害防灾减灾能力的重要组成部分。在洪涝灾害和滑坡灾害风险管控中,除了加强建筑物的抗灾强度外,相关学校可通过在学校周边修建防护墙提高学校的防灾减灾能力。在雷电灾害风险管控中,建筑物楼顶的防雷装置是必备的风险防范措施。此外随着现代教育中电子教学设备的大量普及推广,电子设备的防雷工作显得愈发重要,物业公司需对计算机房、实验室等电子设备密集场所进行接地处理,在地震灾害风险管控中,建筑物的抗震强度应符合《建筑抗震鉴定标准》(GB 50023—2009)的相关要求。

3. 培育学校学生自然灾害的应急能力

定期举行应急演练。学校需要编写演练方案,方案应规定演练总指挥、疏散路线、疏散集中地、演练注意事项等内容。通过放录音、影像等教学资料,营造灾害气氛,让受教育者去体会当时的感受,想象可能发生的情况以及可能采取的自救措施等,还可以让受教育者观看灾害和自救的影像,让他们通过观察学习来丰富自己的逃生知识和技能。

10.4.2 意外伤害事件

1. 加强校园意外伤害的安全教育力度

定期进行校园意外伤害的安全教育培训以及演练,有利于培养学生的安全意识,提高学生应对突发事件的自救能力,降低意外伤害的风险。将导致意外伤害事件的各种风险源及应对措施对学生进行普及,引起学生的高度重视,从而有效避免危机发生。定期进行意外伤害的应急演练,提高学生应对突发事件的自救能力。让学生在实地体验事件发生时的应对措施,避免事件发生时,出现空有安全意识而没有自救逃生技能的局面,从而减少危机的损失。

2. 健全校园医疗救助系统

(1)常备急救药品。一般认为,伤害发生后如果不能得到及时有效的初步治疗容易致使伤害迅速恶化，加重受害者的伤害程度。在学生易发意外伤害的地点，例如，教室等，常备针对意外伤害事件的急救药品能有效地遏制伤势继续恶化。

（2）打造高效的校园医疗救助队伍。打造高效的校园医疗救助队伍就是要应对意外伤害事件发生时的快速响应和及时治疗，从而让危机消失于黄金抢救时间内，降低伤害损失。

3.建立完善的设施定期检查、校园巡逻制度

建立校园设施定期检查、校园巡逻制度有利于及时排查并处理影响校园意外伤害的潜在风险源，将危机扼杀在萌芽状态。首先，对校园内的相关设施，例如，体育设施、道路、教学楼通道及楼梯等，定期进行全面检查，形成检查报表，以便发现风险源并及时清除。其次，对于校园内移动的风险源，例如，外来车辆、学生之间的嬉闹，进行不间断的巡逻，以便及时发现校园内的不安全因素并排除风险点。

4.规范外来车辆入校检查、行驶及停放

（1）对外来车辆进入校园实行登记、检查制度，检查主要包括是否具备驾驶证、酒驾、疲劳驾驶、超载及是否具有明显的不安全因素。

（2）规范外来车辆安全行驶。对进入校园车辆，应该在学生密集地段建立限速装置、限速标识以及监控装置；对于事件易发路段应该设置警示标识以及辅助措施等。

（3）指定外来车辆的停放地点。对进入校园车辆指定停靠地点，避免车辆在校园随意乱窜，降低校园危机发生的概率。

5.建立完善可行的校园意外伤害事件应急预案

（1）完善学生避险响应预案。学生在意外伤害事件发生时应该通过一系列行动避开危险地段、设施及人员。首先，提高自我避险意识，从思想上高度重视安全隐患，避免自身的疏忽造成伤害；其次，尽量避开危险源，例如，当短时间大量人群迅速集结时，应注意避让，绕道而行。

（2）完善学生自救响应预案。学生在意外伤害事件发生时应该通过一系列行动对自己进行初步的救治，避免二次伤害以及伤害持续恶化。首先，定期进行安全教育与培训，避免事件发生时，惊慌失措致使事件进一步恶化；其次，集体活动时教师应随身携带简易的自救药品、工具等，以备事件发生时，能进行简单的自救，延长等待救援的时间。

（3）完善学校救援响应预案。学校在意外伤害事件发生时能立即组成相应的救援机构，对受伤人员进行相应的救援。首先，快速响应，迅速联系教育、公安、医疗、司法等相关部门成立应急处置小组，控制事态发展，减缓事件造成的不良影

响；其次，迅速建立正规统一的消息传播渠道，及时向外界公布事件真相，避免媒体及大众舆论主观放大事件的负面影响；最后，学校及教育部门应做好与学生的交流沟通工作，安抚学生情绪，避免因校园意外伤害事件影响和干扰学校的正常教学和生活秩序。

10.4.3 突发治安事件

1. 优化校园周边环境

物业公司应听取学校和社会各界对学校安全管理的建议和意见，研究部署校园周边环境整治。同时应积极改善校内风险管理，强化学生自我防范意识，消除学生犯罪倾向，可成立安保人员和学生共同组成的校园巡逻队伍。

2. 健全风险监测机制

校园突发治安事件的风险监测是指利用各种技术手段全面监控校内突发治安事件风险隐患，防止风险转化为危机的过程。风险监测一方面可以及时避免风险隐患转变为突发治安事件，另一方面可以反映学校本身和当地社会的治安情况。建立健全校园突发治安事件的风险监测机制应从以下两方面入手。一是成立专门的风险监测小组，定期排查校园治安隐患，做到早发现早解决。二是充分利用视频智能化技术，从传统的"事后查阅录像"前移为"事中及时响应"和"事前风险预警"，提高系统实时性，提升传统视频监控技术的实用价值。

3. 完善应急预案编制

（1）校园安全的应急预案是指提供应付、处理突发校园安全事件所需要的人力、组织、方法和措施的一整套方案。

（2）遵循统一指挥、快速反应、分级负责、预防为本、及时控制等原则，包含校园突发治安事件应急管理中物业公司应发挥的作用及相应的责任等内容，规范学校管理部门如何在校园突发性事件中实施协调与管理职能，最大限度地减缓校园突发性事件的消极影响。

（3）根据学校及学校所在地的具体情况，如果出现当地外来人员增多、学校办学规模扩大等变化，对校园突发治安应急预案进行调整与更新。

4. 做好应急处置工作

（1）快速响应。在校园突发治安事件发生后，学校应迅速联系学校和政府相关部门成立应急处置小组，控制事态发展，减缓事件造成的不良影响。

（2）及时发布信息。校园突发治安事件发生后，应迅速建立正规统一的消息传播渠道，及时向外界公布事件真相，避免媒体及大众舆论主观放大事件的负面影响。

（3）做好沟通交流。学校及教育部门应做好与学生的交流沟通工作，安抚学生情绪，避免因校园突发事件影响和干扰学校的正常教学和生活秩序。

（4）建立事后心理疏导机制。受校园突发事件影响，一些学生及家长可能会产生恐慌、抑郁等心理问题，这就需要建立一套完善的心理疏导机制了解学生及家长的心理状态，对相关当事人进行心理疏导，使其逐渐走出事件所带来的心理阴影。

（5）恢复教学秩序。校园突发事件发生后学校应尽快恢复正常的教学秩序，针对突发治安事件发生原因反思自身提升自身安全管理水平。

（6）追究责任。对校园突发事件隐瞒、缓报谎报的，要依法给予行政处分。对因应急处理不当，行动迟缓，玩忽职守，失职渎职，致使事件蔓延、扩大的，要追究相关单位、人员的行政责任。

10.4.4 个体健康事件

（1）制定校园个体健康事件应急预案

校园个体健康事件应急预案是物业公司协助学校处理个体健康事件的工作指南。在校园个体健康事件爆发时启动应急预案，可最大限度地减少损失并有利于后续恢复。校园个体健康事件应急预案应遵循生命第一、预防为主分级管理、职责清晰、快速反应、依法管理、具备可操作性的原则，内容包括组织指挥体系、危机管理流程和保障措施三大块。其中，组织指挥体系应包括领导机构、应急人员构成、职责分配和应急机制；危机管理流程应包括危机预防、危机准备、应急反应和危机恢复；保障措施主要是指建立学校应急后勤保障体制、做好日常宣传培训演习工作、定期监督检查。

（2）建立学生应急能力培养体系

学生作为校园里的主要构成人员，应成为校园危机干预的主体之一，物业公司应协助学校系统地培养学生个体健康事件应急能力，以减少事件发生时对当事人以及学校造成的损害。学生应急能力包括预警能力、干预能力以及恢复能力，其培养体系包括生理健康知识教育、心理健康知识教育、健康与体育、急救知识宣传、急救技能培训等。应定期举办相关知识讲座，邀请专业人士对本校学生进行培训，也可与本地社区医院、相关非营利组织等确立合作关系，要求本地专业救援组织设置专员或定期派出人员赴校进行培训同时，学校应对培训效果进行把握，可通过应急演练、急救知识竞赛等活动确保学生具备应急救援能力。

（3）完善对高脆弱性学生的管理

高脆弱性人群是指学校在了解本校学生生理、心理健康状况后，筛选出来的具有较高生理脆弱性或心理脆弱性的学生，此类学生是校园个体健康事件的高危人群，应予以重点关注。物业公司应协助学校为高脆弱性学生建立必备的生理、心理健康档案，并按照疾病类型建立本校学生的疾病档案，安排专人进行管理、更新。可根据各类疾病特点，定期安排疾病档案上的学生进行体检，并为其准备必要的急救物品和急救设施。同时，可与周边医院建立合作关系，将本校学生健康信息在医院留底备份，方便医院在发生校园个体健康事件时快速响应。

（4）建立校园个体健康事件监测系统

校园个体健康事件监测系统是指数据化的、能够对在校学生身体健康状况进行实时监测以及预警的系统。校园个体健康事件监测系统应遵循长期坚持、全员参与、地方联合、系统运行的原则。物业公司应与学校合作，做到信息搜集准确、及时、全面，对外做到与社会支持系统对接，同学校附近的医疗机构、公安部门等保持良好合作关系，定期进行校园个体健康事件风险评估，确定风险种类及等级。

10.4.5 欺凌事件

1. 健全反欺凌体制

（1）突出校园欺凌教育培训的针对性，强化反欺凌意识宣传。除了常规的校园安全培训外，物业公司应协助学校开展针对校园欺凌的专项培训。将反欺凌培训纳入教学计划和年度重要工作中，每学年定期和不定期地开展反欺凌培训，特别是要针对特殊学生开展专门的教育，甚至是一对一的培训。

（2）加强反校园欺凌的领导机构。各个学校应当成立具有一定权威的反欺凌工作小组，成员可以包括学校领导、班主任、学校心理教师学生家长以及学生代表，设立反欺凌工作办公室，有人轮流值班接受反欺凌举报。

（3）逐步建立校园欺凌举报制度、校园安全教育制度、校园欺凌治理制度，既要创造良好的校园制度环境，又要提高学生的安全意识，构建良好的校园欺凌举报、治理措施，在源头上阻止校园欺凌风险的产生。

2. 完善反欺凌机制

（1）建立校园欺凌应急管理机制。学校在应对欺凌事件中应尽早主动、持续地公开相关信息，牢牢掌握信息发布的主动权。充分考虑情感因素，考虑不断变化的网络文化；采用新的数字技术整合管控校园欺凌；制定新的规章制度，规范新的程序，保证欺凌问题不再次发生。

（2）落实反欺凌培训机制。推进校内培训与校外实践基地培训相结合，落实校园反欺凌预案的演练，并以政府购买的形式推进学校组织学生到校外基地实训。

（3）强化校园欺凌处置程序。各个学校应当制定适合本校的反欺凌处理方案，明确欺凌的举报、受理、调查、决定等一系列程序，保证反欺凌工作能够快速地开展，并在合理的期限内处理完毕。

（4）积极发展校园责任保险。保险作为一种分散民事损害赔偿责任风险的市场机制，有助于妥善解决侵权事件，保障民事法律制度落实依法治教背景下的校园安全管理应引入责任保险，面对校园安全风险呈上升趋势、校园事件赔偿标准有待完善所带来的挑战，为进一步完善校园安全保险保障体系，完善保险保障体制建设，加大校园风险防范体系投入提供一定的保障。

3．加强风险来源监测

（1）加强重点人员排查。整合利用好教师、物业服务人员掌握的信息，确定风险排查的重点人员；充分重视具有高心理压力特征、反社会行为倾向特征、孤僻特征的风险群体。

（2）加强重点场所排查。加强对可能爆发校园突发欺凌事件的场所的例行检查，加强宿舍、教室、操场的安全责任落实，强化天台、广场的安全设施配备。

（3）全面升级校园欺凌监控系统。利用人脸移动识别技术和安全监控信息技术对现有的校园欺凌监控系统进行升级改造，打造可以自动识别非法进入校区人员的安全监控报警系统，并推动校园安监数据与当地公安部门联网，建立校园欺凌应急出警机制。

（4）要打造校园欺凌风险监控队伍。建设校园欺凌风险监控体系。组织相关专家团队对学校辅导员与班主任群体进行系统培训，强化校园欺凌责任意识，增强风险监控能力；建立专门风险监控情况汇整机制，建立专门的校园欺凌应急响应机制；建立"网格化"校园欺凌风险学生监控体系；重视团委、学生会、学生社团组织，调动学生自主参与校园欺凌风险监控的积极性。

（5）筹措监测设备专项购买资金。一分部署，九分落实。强制的法律手段与有效的监管机制落实需要基础资金保障。因此，校园欺凌管控应有专项的资金，为各项校园安全工作的开展提供有力支撑，包括安保人员的聘请与培训，校园安全设备的采购与更新，以及校园反欺凌培训等一系列活动。

10.5 学校物业服务应急预案

10.5.1 电梯困人

（1）工程维修部应有备用钥匙及掌握打开电梯的基本技能，并实行24小时值班，以便在发生意外时尽快解救被困人员。如果供电部门通知停电或校内设备检修停电，应提前不少于24小时通知，并于停电时间前15分钟停用电梯并用标识提示、电梯维保公司24小时报修电话应在电梯轿厢中明示，中控室和工程维修部均需清楚。

（2）当发现电梯困人时，任一员工接到学生、楼宇值班员报警或发现有人员被困在电梯内，应立即通知消防监控室或工程维修部。保安消防监控室接报后，一方面通过监控系统或对讲机了解电梯停运原因、困人发生楼号及楼层、被困人数、人员情况，另一方面通过对讲机向秩序维护部经理或当班的领班汇报，请求派人或联系工程维修部前往解救。

（3）秩序维护部经理或当班的领班接报后，立即亲自到场或派员到场与被困人员取得联系，安慰乘客，要求人员保持冷静，耐心等待救援。当被困人员惊恐不安或非常急躁时，会试图采用撬门等非常措施逃生。此时要耐心告诫人员不要惊慌和急躁，不要盲目采取无谓的行动，以免使故障扩大，发生危险。在这一过程中，现场始终不能离人，要不断与被困人员对话，及时了解被困人员的情绪和健康状况，同时及时将情况向公司总经理或值班领导汇报。

（4）工程维修部经理或值班人员接报后，应立即派人前往现场解救，如果因停电造成电梯停运，分析停电原因（市政停电、电梯故障停电、其他设备故障）。首先快速到达电梯机房，切断电梯电源进行手动盘车放人。并通过对讲电话告诉轿厢内人员靠里站，在轿厢移动期间不要强行出轿厢，以免发生意外。盘车时要有两名维修人员同时进行。松闸时应一点一点松，以防盘车失控造成轿厢蹲底或冲顶。盘车到平层位置开门解困时，为避免坠落事故发生，确认轿厢停在本层，维修人员可到轿厢停站楼层外，用钥匙打开该层轿厢门放出乘客。在必要时电话通知电梯维修公司前来抢修。若自己无法解救，应设法采取措施，确保被困乘客的安全，等待电梯维修公司技工前来解救。

（5）若工程维修部和电梯维修公司都无能力解救或短期时间内解救不了，应视情况向公安部门或消防部门求助（应说明求助原因和情况）。向公安、消防部门求助前应征得值班领导的同意。

（6）在解救过程中，若发现被困人员中有人晕厥、神志昏迷，应立即通知医护人员到场，以便被困人员救出后立即进行抢救。被困者救出后，秩序维护部经理或当班的领班立即向他们表示慰问，并了解他们的身体状况和需要，同时请他们提供姓名、公寓地址、联系电话。如被困者不合作自行离去，应记录下来存档备案。工程维修部应立即请电梯维修公司查明故障原因，修复后方可恢复正常运行。

（7）秩序维护部经理或当班的领班应详细记录事件经过情况，包括接报时间、保安和维修人员到达现场时间、电梯维修公司通知和到达时间、被困人员的解救时间、被困人员的基本情况、电梯恢复正常运行的时间。若有公安、消防、医护人员到场，还应分别记录到场和离开时间、车辆号码；被困人员有伤者的，应记录伤者情况和被送往的医院。

（8）工程维修部经理或值班人员应详细记录故障发生时间、原因、解救办法和修复时间。

10.5.2 停电

1.供电系统安排停电的应急预案

（1）在事先接到市政停电通知的情况下，将停电线路、区域、时间和影响二次供水及电梯使用的情况，采用各种有效方式告知学校，并在各主要出入口发布通告。

（2）物业公司提前安排以下工作：食堂提前准备好停电时段饭菜，确保在停电状态下有饭菜供应给学生；水电工做好配电房的准备工作，待开始供电时及时送电。

（3）电工准备好发电器材，准备临时发电，晚间停电时段，物业公司领导及相关人员全部在校巡视校园。

2.突发停电的应急处理

（1）如果是整座楼电力突然中断，物业管理人员应立即通知相关部门，马上投入紧急抢修，严格按规范进行倒闸操作，恢复供电，并检查故障原因，检查电梯是否有人被困。

（2）当晚间发生突然停电事故时，物业管理人员应立即通知相关部门，安排人员维修，并通知学生有关停电情况，防止偷盗和抢掠事件发生，必要时应关闭总闸。

（3）立即启动紧急照明，过道、楼梯口的应急灯自动开启，电工和值班人员开启学校备用照明用具。

（4）任何情况下，除专业维修人员外，其他人员均不得自己进行修理，以免发生危险事故。

（5）供电恢复后，物业管理人员应详细巡楼一次，确保各项设备已恢复正常。

（6）若停电20分钟后仍未能恢复正常供电，则教学暂停，物业公司协助教职工分别控制楼道、楼梯口、主要通道，组织学生有序疏散。办公室及值班室工作人员耐心接待，做好解释和疏导工作。

3. 配电房跳闸的应急处理

（1）发生重大用电事故时，应立即向上级报告，迅速排除故障。

（2）发生人员触电时，应立即断开电源，如果找不到电源，可用木杆或干净棉布使触电者脱离电源；触电者脱离电源后，应立即对其进行人工呼吸，并通知急救中心。

（3）发生电气火警时，应立即切断电源，用粉质灭火器扑救，严禁用水扑救。

（4）物业人员值班中发现有电气设施、线路等漏电的情况时，应及时关闭有关电源，若附近没有电源开关，应及时向上级报告。如果有漏电问题严重，应封锁现场，防止发生人身伤害事故。

（5）因漏电造成人员触电时，附近有电源开关的应立即关闭电源，不能关闭电源的，严禁用手直接对触电者进行救护。此时应立即通知配电室值班人员切断电源，并向上级报告，同时设法使用绝缘物品将电线或漏电电气设施（设备）与触电者分离，触电者脱离电源后，视情况对其进行人工呼吸或采用心脏按压或送往急救中心抢救。

（6）如漏电引发火灾，则应执行火警处理的相关程序，事后做好值班记录。

10.5.3 大型活动事故

1）校内大型活动事故是指在学校内开展的运动会、体育节、艺术节、集会等大型集体活动中突然发生的，对学生员工生命财产和身心健康造成损失和危害的重大事件。

2）物业公司成立各级应急救援组织，应急救援组组长由物业公司领导担任，组员由各职能部门经理和工作人员组成。各部门建立健全各种事故的应急预案，并交学校备案。

3）活动现场发生突发事故的应急处置程序。

（1）应急领导小组指挥有关人员立即到达规定岗位，采取相应的应对措施。

（2）安排保安人员开展相关的抢险排危或者实施救助工作。

（3）根据需要对学生进行疏散，并根据事件性质，报请学校保卫处并拨打报警电话，迅速依法采取紧急措施。

（4）应急领导小组根据"生命第一"的原则组织，启动学校大型活动安全事故应急预案，对现场进行疏导。

（5）活动安全事故发生后，在配合学校进行事件调查和现场处理的同时，物业公司立即将突发事件所致的伤亡病人送往就近医院，对无法判断伤情的伤病员，应及时报警寻求救援。

（6）保安人员应立即保护现场、采取疏散、隔离等措施，加强学生的安全管理保卫工作。

（7）大型安全事件发生后，应急小组及时向上级部门汇报事件情况以及采取的应急措施。

4）注意事项。

（1）事件第一发现者应及时向物业公司主任和学校领导汇报，并随时与上级保持密切联系。

（2）对于各类突发事件，应迅速判断事件性质，根据事件性质，及时向社会、政府各救治排险机构求救，并向相关的政府职能部门、上级主管部门逐级汇报。对事故可能影响善后处理的现场、证件证物等要进行保护。

（3）活动安全事件发生后，学校应急领导小组及有关部门，负责组织对突发事件进行调查处理。通过对突发事件调查、现场勘验，采取控制措施等，对危害程度做出评估。

10.5.4 盗窃和破坏事件

（1）发现盗窃和破坏事件，立即报告物业公司及学校保卫处。

（2）保安员到达案发现场后，在保障自身安全情况下可及时处理，否则监视现场，记住犯罪嫌疑人的面貌、体形、服饰和特征，防止犯罪嫌疑人逃逸。

（3）若犯罪嫌疑人在警方到来之前已逃离现场，保安员应注意保护现场，不得触动现场任何物品，并阻止任何人员进入现场，等候警方前来处理。

（4）如在作案现场发现有人受伤，应在保护好现场的基础上，立即拨打电话"120"，等候救治。除非必要，严禁搬动伤员，防止伤情加重。在警方人员到达后，积极提供线索，配合警方人员办案。

10.5.5 消防处理

（1）第一发现者根据情况拨打119报警，并报告学校安全工作应急领导小组。报告内容准确全面，要包括具体时间、地点、火情等简要情况。由应急领导小组确定是否启动应急预案。

（2）物业公司应急领导小组应在第一时间奔赴现场协助学校，调动工作小组人员进行抢险救灾工作。

（3）迅速发出校园火灾紧急警报，利用应急广播指挥学生有组织地疏散至安全地带。

（4）火灾发生时，应立即切断火场电力系统，防止滋生其他灾害。

（5）迅速开展以抢救人员为主要内容的现场救护工作，及时将受伤人员转移并送至附近正规医院救治，必要时拨打120请求急救。

10.5.6 群体事件

（1）学校保安在发生（或可预见即将发生）群体事件时，立即向值班领导报告，值班领导接到报告后，在第一时间赶紧到达事发现场，并同时向上级反映。安排保安人员控制事态的发展，调查了解事件发生的原因和经过。物业公司接报后及时将了解的情况向学校领导汇报。

（2）在学校领导或负责人到达后，物业公司人员协助学校人员处理事件，对参与群体性事件的人员按照"可散不可聚，可解不可激"的原则，做好规劝、疏导、化解工作，防止事态进一步扩大。与所有当事人取得联系，做必要的调解，争取尽快经协商取得解决办法，应急小组人员一般不参与当事人之间的协商谈判，也不作自身权责范围以外的承诺。如有必要由学校与政府有关行政管理部门联系，将事件向他们汇报，请他们作协调处理。如果是社会闲杂人员来校闹事或当群体事件有可能危及学校人身财产安全，应急小组拨打"110"。如果有人员受伤，安排就近医院进行救治。

（3）在事件处理过程中，保安和设备管理员要重点值守学校及各建筑的出入口和设备。

（4）在事件处理过程中及平息后，如果事件已在校内造成影响，应急小组要将事件向相关部门作相应通报。

（5）根据现场调查和协调分析的情况进行综合总结，确定事件原因，备案存档。

10.5.7 给水排水系统故障

1. 主供水管道爆裂的应急处理

（1）立即关闭相关联的主供水管道上的闸阀。

（2）如果关闭主供水管道上相关联的闸阀后仍不能控制大量泄水，则应关闭相应的水泵。

（3）立即通知主管部门。

（4）主管部门及时进行抢修。

2.消火栓水系统和水喷淋系统破裂的应急处理

（1）消火栓水系统破裂后，应立刻前往顶层平台水管井关闭消火栓水系统供回水总阀，在跑水的消火栓附近用正常的消火栓在水管井泄水，压力降低后设法封堵损坏的管路与阀门。

（2）水喷淋系统破裂后，应立刻关闭水喷淋系统阀门，并打开泄水阀门。

3.水泵房发生水浸时的应急处理

（1）视浸水情况关掉水泵房内运行的设备设施，并断开电源开关。

（2）封堵漏水源。

（3）如果漏水量较大，应立即通知主管部门，同时尽力封堵漏水源。

（4）漏水源被封堵后，应立即组织排水。

（5）排除积水后，应立即对浸水设备设施进行除湿处理，例如，用干燥无污抹布擦拭、热风吹干、自然通风、更换相关管线等。

（6）确认积水已消除，各绝缘电阻符合要求后，开机试运行。

（7）如无异常情况出现则可以投入正常运行。

参考文献

[1] 钱江明."以学生为中心"的高校后勤服务体系构建及满意度调查[J].高校后勤研究,2023,(02):11-15.

[2] 吴阿青.高校学生公寓文化建设创新途径研究[J].高校后勤研究,2023,(01):9-11.

[3] 赵春,杨翊匙.高校实验室物业管理改革研究[J].高校后勤研究,2022,(12):46-48.

[4] 张萌,张凡,郑振峰.高校学生公寓管理服务工作存在问题及优化——以山东省高校学生公寓管理服务专题调研为例[J].高校后勤研究,2022,(07):18-20.

[5] 杨少飞.中职学校图书管理面临的问题及改善策略探析[A].中小学教师教育教学与创新研究论坛组委会、中国社会主义文艺学会文艺教育委员会.中小幼教师新时期第二届"教育教学与创新研究"论坛论文集(二)[C].中小学教师教育教学与创新研究论坛组委会、中国社会主义文艺学会文艺教育委员会:国家教师科研基金管理办公室,2022:361-363.

[6] 张瀚哲.后勤社会化改革背景下黑龙江省高校学生公寓管理研究[D].东北农业大学,2022.

[7] 胡冬梅.高校食堂食品安全监管模式研究[J].食品安全导刊,2022,(15):4-6.

[8] 林建华.高校学生公寓管理改革创新研究——以A市三所高校为例[J].高校后勤研究,2022,(05):3-6.

[9] 尹永亮.BD高校公寓管理流程优化研究[D].河北工业大学,2021.

[10] 李伟东.校园安全双重预防体系建设研究[D].河南理工大学,2021.

[11] 吴晓涛,杨颖.中小学校安全风险管控机制研究[J].风险灾害危机研究,2020,(01):107-127.

[12] 陈祥荣.论现代物业管理在公共图书馆的服务支撑与作用[J].中国商论,2020,(12):109-110.

[13] 张桂蓉.聚焦风险管控机制,破解校园食品安全难题[J].教育家,2019,(13):29-31.

[14] 王晓东.基于教学保障组工作为教学服务模式的探讨[J].才智,2018,(21):173.

[15] 王海峰,钱进.高校后勤管理体制改革的方向及措施探析[J].高校后勤研究,2016,(05):22-24.

[16] 董世华.我国农村寄宿制学校问题研究[D].华中师范大学,2012.

[17] 翁胜华.寄宿制高中学生公寓管理的三项举措[J].教书育人,2011,(02):20-21.

[18] 张新全.餐饮空间流线设计的研究[D].南京林业大学,2010.

[19] 李德民.围绕以教学为中心搞好后勤保障与服务[J].高校后勤研究,2008,(04):17-18.

[20] 孙华.论大学校园应急预案的编制[J].煤炭高等教育,2007,(02):46-48.

[21] 付刚.高校体育场馆物业管理的功能定位[J].湖南税务高等专科学校学报,2006,(04):52-54.